U0010262

金銀紙的祕密

金 銀 紙 的 祕 密

金銀紙的祕密

張益銘◎撰文

張益銘／林鈺茹◎攝影

晨星出版

奇才藝師張益銘先生

輔仁大學宗教系教授　吳彰裕

　　道家講「機」，佛家講「緣」，天地萬物，人生古今，皆是機緣成熟，而造就了許多興衰起滅。民國七十九年歲次庚午農曆三月廿日，我專程回故鄉北港參加媽祖祀典，隨緣閒逛朝天宮所附設的民俗街，參訪來自全省各地民俗藝人的攤位，其中有一攤位令我側目駐足良久，乃一位白髮長者，拿著木片在宣紙上作畫，但畫中圖像很奇特，像畫一艘揚帆順風的大船，但仔細一看，又似一幅魁星踢斗，意境深邃，風格獨特創新，不覺讚嘆。長者畫完之後，我正準備啓口問價，長者先一步將畫裱上，說我與他深具善緣，隨手將畫送我，我一直視為珍寶，掛在家中神壇，因為它是一幅罕見畫作，更是一幅頌吉之符籙。八十一年左右，從報上得知白髮老人葉錫露先生仙逝，使我更珍重此畫，也從報上得知長者將手藝傳授三位高足，其中一位即是竹南才士名匠張益銘君。

　　或許是白髮老人魂神牽引，或許是緣趣相投，益銘君時常關注我的言論著述，我亦對益銘君的研究領域深感興趣，機緣成熟，使我倆有晤談的機會，由於氣味相投，一見如故，令我更敬佩益銘君在民俗才藝的琢磨。

　　俗話說：「滾石不生苔」，只要用心，便可「行行出狀元」。大凡人一生中要如何安排自己的生活，有四個層

3

次，一般人皆注重最底層的「職業」，也就是將工作視爲糊口工具，只爲了報酬以圖溫飽而工作，不管興趣與否，一旦無法謀生即轉行。第二種人把工作當做「事業」，經營「事業」就須培養某些專業技能，而且有些企圖心，從工作中得到社會實質價值，受到他人肯定，累積財富及影響力，不斷創造業績。

第三種人，抱負更大，將事業視爲「企業」，創造永續經營的條件，而具有組織制度化，揚名立萬。第四種人，則是一生興趣某項工作，投注畢生精力，只爲了心中一個理想，不計成敗，不求名利，無怨無悔，只爲了對社會或歷史傳承的使命感，終身精益求精，視該工作爲畢生「志業」。益銘君半生投注對「金銀紙錢」工藝的研究與收藏，正是這種驅力，令人感佩。益銘君專注於金銀紙錢藝術的研發、收藏工作，即是將之視爲畢生志業，並將之傳授于愛女懿仁小姐，俾使民俗文化傳承久遠，同時透過學術整理，使金銀紙文化更具現代化。

從小在北港，時常目睹四方進香客必攜金紙入廟參拜媽祖，從小也在父母或長輩引領之下，敬神祀鬼祭拜祖先，但每次總燒不同的紙錢，稍長後，心中一直有一項疑問：燒這些有什麼用？難道神明可以賄賂而改變天道嗎？陰間或天庭真的需要通貨嗎？燒給祖先的錢，他們確定可以收得到，不會被其他惡鬼搶走嗎？

到讀大學以後，從文獻中及參與宗教民俗活動中漸漸

了解，燒紙錢必然是發明紙以後才有，所以東漢蔡倫以前即有「燎祭」，即諸候祭祀天地山川鬼神後，將疏文及祭品火化送餉，父母之喪，亦燒帛幣予之，引領魂魄入黃泉，後來紙發明後，紙就代替帛了，至於大量燒化金紙，推測可能是改良自「五斗米教」的三官懺疏而來，據說東漢末張陵在四川創教，要信徒將一生罪過書於疏文，分天地水三界，向天官、地官、水官三帝「首過」，自首稟明一生罪愆，並具三牲禮，分別燒化，便從此自新，斷除惡念，以澄神誠心向道，才能昇天堂，加上後世「唐太宗遊地府」故事的渲染，宋代淡痴道人「玉曆寶鈔」將唐代吳道子十殿地獄的繪圖予以通俗化，使後世一方面基於恐懼，一方面為盡孝道，乃多焚紙錢予亡祖先人，冀彼等在陰間有錢能使鬼推磨，多些幸福，少受鬼卒刁難。

在粗略閱過張懿仁的《金銀紙藝術》一書，及拜讀益銘君的大作後，令我自嘆隔行如隔山，沒想到民俗中紙錢所佔地位如此重要，各類紙錢各司其能，同時印製紙錢之木版雕刻，也是一項絕美之藝術，也可以反映人神共通之精神：「人有善念，天必從之」，這是一項關鍵的文化傳承，只有中國人才燒紙錢，它所傳遞的是禮天地，敬鬼神，崇德報本，心誠則靈的道心德行。畢竟存在之事必有其功能，存在必合理。

張益銘讓金銀紙更有意思

陳協和金紙行　陳坤輝

二十多年前，聽到大家議論紛紛，麵包店老闆張益銘在電視上談金銀紙的藝術，我心裡想，不就是燒金這麼簡單，還有什麼可以講的？當時因為忙碌並沒有盯著電視看，也不想知道他說什麼，我想這人總不會比我三代祖傳都是做金銀紙的更清楚金銀紙的事吧！

民國八十年在台北迪化街有客戶拿著舊剪報問起我們中港有位預言神準的算命師叫張益銘的住址時，我才開始注意他。雖然同是住在中港里，知道他很出名卻與他不熟。直到八十四年，他邀我協辦「金銀紙藝術展」時，這才佩服他的能力與豐富的民俗知識，原來真的一張紙有一個故事，而且他收藏了金銀紙相關文物之多無法估計，製造過程他更是瞭如指掌。

我與老師傅葉武南都以為金銀紙僅有百種，也只是拜拜用途而已。張益銘竟然有二千多種古今的金銀紙，二千多塊的木雕版印、工具及數千張相關照片，還能正確說出原由典故與使用者的內心深處。看他為金銀紙的收藏與研究之瘋狂投入，很難用文字形容。曾經目睹他在彰化以數

十萬元買一張破舊的小小紙錢，讓人傻眼，他是不是瘋了？

　　張益銘首創「金銀紙藝術」推廣展演，北至宜蘭傳統藝術中心「紙藝之美」、基隆中元祭、台北林安泰古厝、總統府藝廊、台中與彰化文化中心，南到東港王船祭，甚至透過國內、外傳媒發揚至海外，成功地將金銀紙提昇至文化藝術層次。二十餘年來，吸引了各大專院校學生至他工作室研習，他都免費指導，還培訓文化義工，帶動現今竹南金銀紙版畫的學習熱潮。用桃李滿天下來讚揚張益銘最是恰當，與他台灣跑透透展演時，都有他的學生自動幫忙，也有好多的外國學者來學習金銀紙文化。

　　他對美的看法與眾不同，原來他不僅是總統召見的算命大師，也擅長書畫、篆刻且多次得到國際性比賽「全日展國際藝術賞」與「金獎」肯定，曾在日本、大陸、韓國、台北、竹南等各地展出，頗受好評。因此，他對金銀紙美的詮釋，讓人心服口服。諸如：「金銀紙替代真金真玉的祭祀奉獻」、「圖案傳承玉器、青銅器的圖騰紋樣」、「燒金的人生是生活藝術」、「因為生活的需要孕育了金銀紙，而民間美術的金銀紙也豐富了生活」、「金銀紙文化之美是心的感覺、是傳達的美」、「是科技無法給的心安」……等看法前所未有。至於金銀紙的屬性與「陰陽五行」的關係是他的專長，經過燃燒看其靈光可判別「陰中有陽」、「陽中有陰」，這是經過多年測試與驗證後，我才深

信不疑。

最近有新產品很像手工錫箔，多位同業只知道不大一樣卻無法找出破綻，張益銘馬上指導大家翻過來看紋路，就可以正確的作辨識。廟方遇到疑難問題，須要照片佐證或撰寫廟聯、廟誌、沿革與文疏等，他都樂意幫忙。此次要寫新書，大家都拜託他用辭要簡單且通俗，讓大家能雅俗共賞。

他是台灣民俗傳統文化有重大貢獻的文化工作者。在民俗界凡提起金銀紙研究與版印收藏，莫不想起張益銘這位開風氣之先、研究與收集皆深入廣博的大師級人物，他讓金銀紙更有意思。而其本身的多才多藝的表現，也讓我們在他的努力成果中得以分享、欣賞傳統藝術之美。

因肯定並感動於張益銘先生的貢獻與付出，樂以為序。

開啓金銀王國寶庫的智慧之鑰

——我看張益銘的新書《金銀紙的祕密》

避秦山寨主人　劉還月

　　從二十幾歲開始，我一腳踏入民間信仰的世界，一轉眼就是了二十年，從踏入這個領域不久，便經常被人們問道，研究那麼多年的民間信仰，到底有些什麼心得？

　　早些年，對於信仰的世界，能看到的就只是一些表面的現象，諸如童乩的起乩現象，道教的請神儀式，端午、中秋的相關活動，迎神的陣頭，送王的法會……等等，顯然是受到整個社會相關的研究風氣影響，從日本時代以來，大多數的研究者，都只重視儀式與活動，如此幾十年來，難怪相關的研究，永遠都在表象摸索，而無法深入信仰的內在，探索本質的意義！

　　九二一大地震之後，我開始讀《易經》，從這一點起，我才有機會面對歲時節俗所呈現的時間秩序，以及民間信仰背後的自然思考，只是，當我在自我檢討過去的淺薄時，卻也發現，整個台灣文化的主流，不只依舊沉浸在表象的迷思中，甚至更淪為「玄學至上，語不驚人死不休；怪力亂神，命理風水大錯亂」的狂流中，彷彿家家皆

風水煞地，人人將惡運臨頭。

　　從民間信仰的表象探索，到整個社會深陷算命、改運的狂潮中，最主要的關鍵就是電子媒體，打開電視，放眼全都是「老師」，有的幫你改運，有的幫你算命，有的教你避禍，有的可以逐煞，這些電子媒體為了拉抬收視率，莫不費盡心思，請來各種「老師」，在各式各樣的節目中，為觀眾們「指引明路」，而那些三教九流的「老師」，為了把握住上媒體的機會，更是極盡所能，展現自己的「法力」與口才，甚至不惜妖言惑眾，先讓當事人產生恐懼的心理，再拿出自己獨門的「法器」，不只可以驅魔除煞，更可以招財進寶，當然，最後真正有效果的，大概就是「老師」的荷包裝得滿滿的……

　　在完全無法可管，更沒有較科學的方法來檢驗的情況下，我們的這個社會，似乎只要稍稍懂一點天干、地支，會一點五行八卦，就可以充任玄學「老師」……；在這樣的風氣下，會有什麼樣的人，甘願放棄如此既可揚名，又可發財的好機會呢？

　　安德居士張益銘，可能是極為罕見的特例。

　　認識安德居士張益銘，是我剛跨入民間信仰研究領域不久以後的事。

　　就如同大家對他的認識一般，由於竹南中港，有這樣一位熱心又具有文化素養的金銀紙研究者，許多人對於中港地區或者金銀紙，才能有一概要卻相當完整的認知，因

此，要說安德居士張益銘，是我在金銀紙方面的啓蒙老師，也是恰如其分的。

　　＊　＊　＊

　　你在乎過身分證上的職業欄嗎？想像過這一欄上，可以登記那幾種職業呢？

　　如果有人的身分證上，登記的是「民俗藝人」，你想到的是什麼？跳車鼓陣的？寺廟彩繪師？或者是電視上的賣藥人？安德居士張益銘的身分證上，職業欄填的就是「民俗藝人」，而他鑽研的是古法篆刻印章、民俗版畫以及木書畫。

　　你認爲一個有公信力的「愛心獎」，該頒給什麼人嗎？一九九五年四月，第七屆「吳尊賢愛心獎」公佈，其中一個得獎人獲獎的理由是：「天性善良，濟世助人，犧牲奉獻，影響力眾」，他就是張益銘，藉以「濟世助人」的，竟然是他所擅長的民俗、命理學等，他更是全國第一位，因命理算命的傑出成就，而獲得總統召見的「民俗癡人」！

　　坊間常見的算命，基本的操作手法，就是先恐嚇當事人，瓦解他的心防之後，算命者口中說出的任何話，當事人就只有照單全收的份；安德居士張益銘雖然也會從事相關人生哲學命理方面的服務，但他跟人談的是命理的道理，並且透過完整的前因後果分析，向每一位充滿疑惑的人，解釋算命的原理以及命運與個性的絕對關係，從張益

銘完整而充滿哲理的命學理論，可以清楚地感受到，漢人傳統的算命，其實是一套精密的統計科學。

正當電子媒體一波又一波地，試圖以命理、風水、解運等玄學，來達到吸引觀眾的熱潮之際，本身擁有一定知名度，更擁有豐富命理學問的安德居士張益銘，卻從來不肯成為電視上「賣弄玄學，利用邪煞」的名「老師」之一，最主要的關鍵只有一個，就是他向來堅持的治學態度，畢竟，他向來要求的就是凡事都有道理，絕對不能為了賺錢，胡亂編造一些說詞來嚇人。

安德居士張益銘的「人生哲學命理服務」，根本的理論基礎，來自於《易經》的陰陽五行，結合了篆刻和命理，用講道理的方法，把每一件事務背後，都必然會有的「一體兩面」現象，分析得清清楚楚；安德居士張益銘認為，姓名學的筆畫、行、格等，都可以看出運勢，篆刻學因字體和筆畫數不同，自會產生各種卦象，因此，每一方印章，都會有「六長、六德、六氣、六忌、三品、三賤、三病」等奧妙，姓名及印章卦象搭配起來，便可精算出人的流年、流月、流時及人際關係，結果更是相當精準。

＊＊＊

我個人一直認為，安德居士張益銘身上，最珍貴的資產，應該是他窮半輩子心力，執著經營的金銀紙研究；近一、二十年來，只要接觸過民間信仰的人，必然了解安德居士張益銘，在這方面的專精程度，也有許多人希望他趕

緊出書，張益銘都不肯，理由看似簡單，卻說明了他負責任的態度：只要還有什麼因果，無法清楚交代，就不可能出版。

值得高興的是，現在安德居士的大作，終於要正式問世了，這本書，從金銀紙的緣起到種類，從燒金的傳說，到背後真正的目的，從紙錢的生產製造，到民間藝術的價值，每一樣，不只介紹得清清楚楚，更把每一種類的前因後果，以最科學的方式，做最完整的分析與整理。

這是我期待已久的一本好書，你可以當它是一本金銀紙圖鑑，也可以做為祭拜不同鬼神時，燒金化銀的參考，可以做為瞭解民間生活，認識通俗信仰的入門磚，或者是研究台灣文化重要的工具書，更是開啟金銀紙寶庫的智慧之鑰。這本書的周到與完整，可以讓每個人以最輕鬆地方式，閱覽自古至今的金銀紙世界；作者的追根究底精神，絕對可以幫助每一位有疑惑的朋友們，揭開所有信仰以及信仰之外的不解之謎……。

我總是認為，不管你對生活文化是否有興趣，更不論你是不是想來認識金銀紙，只要你還對生命充滿好奇，對人生充滿疑惑，你就不能錯過這本談生命，說哲理，釋文化，解迷思的好書！

C O N T E N T S

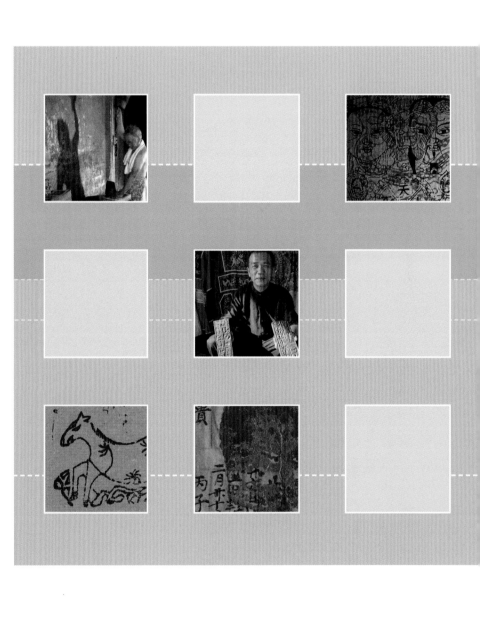

〔卷1〕細說從頭

──金銀紙由來與意義

一、原鄉生活的延伸

唐山過台灣

台灣金銀紙的前身，是中國紙馬。當年墾民唐山過台灣謀取生存，把原鄉的生活習俗延伸而來，金銀紙便是其中之一。

「唐山過台灣」短短數字，卻隱含了中國墾民冒險橫渡海峽風險，前來台灣謀生聚居的血淚艱辛。先民們渡海來台謀生，面對無情黑水溝的挑戰，並不是每個墾民都能安全達成目標，通常是六死、一生、三回頭。因此，有「唐山過台灣，心肝結歸丸」的說法。即便是幸運到達台灣，還必須躲過官吏的緝捕，萬一被查獲，還要被杖逐回籍。可見唐山過台灣「冤死」的人很多，所以閩南移民便以怨嘆的語氣說：這是埋冤（ㄅㄞ、ㄨㄢ）的地方。

◇**唐山過台灣**

俗話「唐山過台灣」，唐山指的是中國大陸，台灣是唐山東南方海上的島嶼，兩者之間隔著一條「黑水溝」，又稱「落漈」的天險。

根據高賢治《臺灣三百年史》記載：「清初頒佈禁令三條，嚴禁內地移民台灣，但此禁令無法嚇阻閩人私渡風潮。康熙二十五年起，粵人亦仿傚相繼來台。至康熙末年，移民已分居於全台各地。當時有藍鼎元評論其情形，前此台灣府管轄百餘里之中，諸羅與鳳山皆是蠻煙瘴地，此地尚不敢有人居住，還有高山之麓，移民也不敢近，易為原民出草獵殺。今則從南至北，尤其淡水、雞籠一帶，人民趨之若鶩」（頁66）。可見當時台灣四野蠻荒瘴雨、時疫，加上移民紛爭而分類械鬥時起，社會動盪不安。

台灣的〈十二元神〉與唐山〈本命十二星相〉有血源關係

這些無奈、辛酸，只能以原鄉的生活習俗，備清香、紙馬敬天地，向神佛祈求平安。如遇瘟疫、生病，在那個年代就算求助郎中，也是「要人醫、也要神保祐」。金銀紙除了拜拜之外，也用來收驚、祭改。以十二張〈刈金〉或〈壽金〉點燃，在生病或因沖煞而身體不適者的身上，從頭至腳「前三後四，好來壞去」以此趨吉避凶。

金銀紙取代真金真玉的祭祀奉獻

金銀紙源自大陸紙馬文化，更可追溯至新石器時代的仿貝殼、仿貨幣祭祀。而真正紙馬的出現，應是在造紙術發明之後。它替代遠古社會使用真金真玉的祭祀奉獻，此乃金銀紙由來。

只要是中國人，多相信死後會到另一個世界的觀念，而且如同陽世般需要用錢過生活，因而「事死如事生」。在考古之中可以發現很多用仿造貨幣陪葬之例，如新石器時代以石子或獸骨製成的仿貝殼，及春秋時代金屬貨幣的鉛、銅、陶土仿製品等，都是屬於冥器的部份，仿製貨幣是給死者帶到陰間花用之意。這些仿製貨幣的使用，都和使用金

銀紙的意義相同。

　　據《中國玉器全集1》考證：「甲骨文中之禮字，取二玉在器之意，為盛玉以祀神靈之禮器。可得知以『事神致福』的禮，是結合神、玉、巫三個一體的相通關係。另《說文》釋靈，靈的下方巫字含義是以玉奉神為之巫」（頁34-35）。但是，要以玉奉神達到「事神致福」，不是民眾可以做得到的，紙張的普及以及金銀紙的發明，代表文明的進步，允許普民以自己負擔得起的方式奉神，從事神方式到使用奉物的種類也同時反映了時代變遷。舉例來說，當台

反應時代需求的〈樂透金〉

灣經濟不好時，發財金便因應而生，有樂透彩，所以就出現了樂透金。顯見金銀紙不僅神聖莊嚴卻也通俗隨緣，它拉進人與天地之間的距離，讓奉神更通俗，更符合「敬神如神在」的範疇。

　　總結來說，以「蒼璧禮天」、「黃琮禮地」以玉奉神等貴重物品作為獻祭的習俗，都存在已久。使用金銀紙是陪葬或獻祭時，真心奉獻的觀念延續。從仿貝殼、仿金屬貨幣到金銀紙的產生，人類都是抱持著同樣的信念來加以沿革、變化。加上紙張的易燃特性，更容易達成物質轉化到另一世界的目的。

台灣金銀紙初始

　　台灣金銀紙文化的形成，是墾民來台謀生存，把原鄉的慣習生活延伸至今。使用金銀紙的概念來自唐山原鄉的紙馬，初由墾民來台隨船攜帶。清中葉以後，赴台移民漸增，屯田開墾，謀生聚居，傳承了大陸彼岸的風土民情。舉凡社會形態之信仰與風俗習慣，處處都帶有閩粵原鄉的內涵與形式。紙馬市場需求日益增多，商人將紙馬等以戎克船裝載運銷台灣。然而，明、清墾民移民來台的發展過程中，考量台灣海峽黑潮險惡，運輸風險影響盈虧利弊，於是就在台灣興辦「紙莊」自製自售。尤以中港金銀紙的紙莊最多，製品精美而聞名全台。鼎盛時，登記立案高達三百八十五家，從業人口數佔全鎮四分之一，享有金色中港美名。

　　雖然台灣金銀紙文化的形成與墾民來台有關，但是，台灣的信仰習俗是否始於西元1621年漢人遷台才開始有燒金拜拜？

　　追究台灣的歷史，並不只是印象中的四百年而已。明末清初只是大量的漢人遷移來台的高峰時期。從歷史的記載中，我們可以得知中國對台灣的經營早在西元230年魏吳大帝時就已經開始，而且台灣島上也有居住悠久的南島語族之原住民。中國紙馬文化思維，也不只是漢人才有。

　　高賢治《臺灣三百年史》談到：「1938年有日本學者金關丈夫，在高雄縣太湖貝塚中發現台灣黑陶文化為中國

黑陶文化之末流。其後台南市等地續有發掘。」黑陶文化
又叫龍山文化，年代距今約爲三千五百年至四千年之久。
參閱庚子《中國玉器全集1》，也有記錄：「台灣學者宋文
薰、連照美在台東縣卑南遺址中，發現距今約三千年前新
石器時代的人類飾品『玦形耳飾』，出土玉玦有千餘件，
玉材取自鄰近花蓮的石礦，這些飾品多出土於往生者的耳
部，位置與唐山所見皆同。玦在大陸沿海地區，分佈範圍
甚廣且形制各具特色，台灣所出土玉玦與其中類型明顯有
密切關係」。上述說明，三千年前台灣島上已經有人類居
住，而且有其信仰風俗。生前的佩帶或器物也伴隨著入
土，這便是事亡如存的精神。

　　使用金銀紙是陪葬或獻祭時，眞金眞玉奉獻的觀念延
續。中國紙馬文化與台灣現實社會生活需求，融合而發展
出台灣在地的金銀紙。它讓尊天禮地、祀神祭祖更爲通
俗。加上金銀紙的易燃特性，容易達成物質轉化到另一世
界的意象，更符合「敬神如神在」、「事死如事生」的精
神。

二、傳說的真義與歷史源流

金銀紙的傳說

蔡倫的詐死復活

　　金銀紙的傳說，是真實的記憶，有思鄉的追憶，也有歷史的軌跡。在亦假亦真的期待中，有著善意的鼓勵，一代傳一代，是說不完的美麗故事。

　　金銀紙的傳說，最早與蔡倫先師有關。

　　東漢和帝時，蔡倫使用樹皮、破布、魚網等原料造紙。在剛開始時，或許技術尚未成熟，造紙品質不良，因而滯銷。蔡倫為了推銷自己的紙張，夥同妻子串通設計，由蔡倫詐死設下騙局。

　　蔡倫說自己死後到了陰間，遇到冥吏向他索賄，所以託夢給妻子，教她燒紙錢給自己及冥府鬼差，冥吏一高興，就讓他還陽。大家聽說蔡倫得以重返陽世的原因竟是如此神奇，便認定其紙可為冥國紙鈔，燒紙錢可讓亡者還陽或在陰間享用。於是，蔡倫達到賣紙的目地 。

　　關於金銀紙的傳說，另有一說是蔡倫造紙名利雙收，他的哥哥蔡莫也跟著學造紙，但是學藝不精，所造之紙品質粗劣而滯銷，於是蔡莫令妻子慧娘詐死。接下來的情節發展與前者有異曲同工之妙。

　　蔡倫是中國造紙術的發明人，按此理無需做此勾當，

蔡倫

蔡倫（西元63～121年），字敬仲，東漢桂陽郡人。東漢明帝時（西元75年）入宮為宦官，歷任小黃門、中常侍兼尚方令、長樂太僕、龍亭侯等職。西元105年東漢和帝時，蔡倫總結前人經驗，將造紙過程寫成奏章，連同造出來的植物纖維紙呈報朝廷，和帝大加讚賞，稱這種紙為「蔡侯紙」。其造紙術世界聞名，被公認為造紙的祖師爺。

苗栗縣紙類加工業職業工會供奉的祖師爺——蔡倫

蔡倫詐死的傳說比較難以信服，就當作是村里巷弄的閒話家常吧！

燒紙錢的人道意義

台灣的金銀紙加工業者，尊奉蔡倫為「祖師爺」。

但是筆者以為燒紙錢是不是蔡倫所創，並不是「詐死復活」傳說的重點，而是這則故事背後所隱藏的「天機不可洩露」的善意謊言，裡頭純善的「人道關懷」，讓人在失去親友摯愛之際保有亦假亦真的期待。

當病人臨危時，由臥房「搬舖」至大廳臨時舖設之板床，往生後，在其身上蓋上「水被」，以〈銀紙〉或石頭為枕，並在亡者腳邊供「腳尾飯」，燒「腳尾火」，充其食用及往生路費，並照明引導達極樂世界之境。至「入殮」之前，要先「立魂帛」，再往河邊「乞水」，繼而為死者「套衫」後擇吉納至棺木內。在這樣的習俗儀式中，經常就發生

有「死去活來」的真實故事。（參見2004.10.15中國時報，翁順利、趙家麟／台南報導：一百○一歲葉杜擬會人瑞「死去活來」親自答謝訪客。）換言之，如果沒有這些俗信，人死馬上入殮封棺，不僅家屬哀傷無從藉由種種儀式發洩平復，亦有可能誤葬未死之人，這並不符合人道精神。

人往生後，所作的法事科儀，均屬於佛道所言「財法兩施」的範疇。這些往生後入殮前種種儀式所含的「人道關懷」，重要至極。試想大家都忙著治喪時，假如沒有家屬持續燒腳尾火，一但「死去活來」真的發生時誰能知道？在醫學未發達時，如患破陰絕陽之色已形靜如死之「屍厥症」，那時沒有醫院做抽痰治療，郎中會告訴家屬持續緩慢地一張一張燒著腳尾火並準備喪事。其實，這個動作的真正用意是想用燒〈銀紙〉的微煙，刺激往生者的呼吸道，希望能把痰吐出來，就能真的復活。但是郎中不敢講真話，是怕沒有將死者救活。善意的謊言是普世現象，謊言背後深藏細膩心理運作，其意境極妙也。

燒腳尾火的另外用意是提供亡者路費，並照明引導至極樂世界。但很多人會追問，往生後在那個世界真的需要用錢嗎？外國人沒有燒紙錢，他們祖先不就慘了？其實無須在意燒紙錢是否能得到，也不用懷疑紙錢是否真的可以用，就像治喪人員也會告訴喪家，一定要有人燒腳尾火，防止貓或狗跳過亡者，造成屍變而成僵屍。實際上貓、狗怎麼跳，死者也不會變成僵屍。燒腳尾火另一個用途應該

是保護燒腳尾火的家屬，因為火能辟邪亦能改善靈堂氣氛。

這些理由都足以證明燒腳尾火是「人道關懷」，何況燒紙錢可以真實表達孝思與感恩，是具有心理補償功能的。

祭祀錢幣的源流

中國人在流通錢幣前，是以貝殼、骨類、玉石或貴重物以物易物，也會使用於祭祀或陪葬。

學者侯錦郎著、許麗玲摘譯的《民俗曲藝》72期記述：

> 1965年《考古》〈河南偃師二里頭遺址發掘報告〉，於殷商古墓中，發現隨葬的貝殼與祭祀用的玉器。成書於公元前四世紀的《禮記》，天子飯九貝，諸侯七，代夫五，士三。（頁14-15）

顯示當時不僅是以貝殼陪葬，也有將米飯或玉石放置在死者口中，最常見的是口含玉蟬，象徵生生不息。延襲至今，在台灣則放小柑橘或銀紙，寓意往生者在另個世界過有錢或甘甜之好日子。

西周時，用貝殼陪葬的風氣已然成俗。《民俗曲藝》記述：

> 在周初的衛國古墓中，發掘的貝殼數量多達三千四百多個即可證明。而這些陪葬用的貝殼皆穿有

小洞，在墓中也發現殘留的繩結，這像似錢幣一
串串地連結相同，是要讓往生者於冥府花用的錢
財。 (頁15)

可見昔時貝殼是被用為具有交易價值的貨幣，俗信婦女生
育時，手握貝殼可以保佑生產順利；人死之後，口含貝
殼，可以保佑冥途通暢。這些都說明了在當時就存在著的
民俗與信仰。

　　參閱《民俗曲藝》：

春秋時代開始有金屬貨幣，如鏟形的「布」、「刀
幣」、「半兩」及「金版」。此時貝殼仍具有幣
值，後來也被銅製貝殼狀的「蟻鼻錢」取代。迨
至秦始皇時，貝殼才完全失去其幣值。此時，民
間也出現鉛質或陶土的「仿布幣」用於獻祭或陪
葬。根據《周禮》，金版是用來奉獻給玉皇大帝；
依商承祚書中所言，每一片類似陶土的「仿金版」
均分為十六份，每一份值一兩，亦即每片為一台
斤。 (頁15-16)

仿金版也稱為「郢爰」與通行於秦、漢兩朝的錢幣相同，
可以推測這些仿金版應屬於秦與西漢初年使用於祭祀貢
品。仿製的金版雖然種類繁多，上頭均漆有一層象徵黃金
的黃色顏料。此方法與現在的金紙一樣，於錫箔紙上漆上
金油的手法意義相同。

學者陳啓新的《冥紙源流考》：「在紙張發明之前，就有以貴重財帛陪葬之俗；楚漢之時，為防止盜墓及缺乏錢財之貧窮者，多以廉價物料如黏土或鉛仿製金錢稱為冥幣隨葬。在長沙、湖北等地的楚漢墓與馬王堆、滿城等地之西漢墓皆發掘到此類仿幣」(頁10)。而侯錦郎根據墓中列有隨葬品明細「遺策」的竹簡所載，「仿幣」、「仿金版」皆稱為金錢，認為這些仿製錢幣，本身即是宗教意義，並非基於經濟因素 (頁17)。

在檢視古墓的陪葬品可發現每一種新型錢幣上市後便有其仿製品，如戰國至漢初的「半兩仿幣」。漢武帝至漢末有「仿金餅」與「仿五銖」，其材料多為鉛或陶土。

從上述資料可以大致了解，在紙發明之前，皆以錢幣、貝殼、貴重物、仿錢幣來作為奉獻、祭祀或陪葬之物，此乃金銀紙的前身。

紙錢的起源與流變

出土的六朝古墓隨葬物中，可發現無論是仿幣或是真的錢財皆十分稀少，有人判斷是政局不安導致經濟困難之故。另外，則有人認為是源於祭祀開始用紙錢的因素。

台灣靈應道院掌門道長陳添發有這樣一段口述：

漢高祖劉邦建立了大漢王朝之後，回鄉想要到父母的墳墓拜祭，卻因連年戰亂，無法找到祖墳。最後，劉邦將黃色布撕成小碎片，然後向天禱

告：「上蒼、土地作主，爹娘在天有靈，不孝子把這些黃布小碎片拋向空中，如果布片落在一個地方，風都吹不動，就是爹娘的墳墓。」說罷，劉邦把黃布片向空中一拋，霎那間，刮起大風，果然有一片落在一座墳墓上，不論風怎麼吹都吹不動，即認定為祖墳，馬上整理墓塋拜祭雙親，且定下清明節上墳掃墓的規範。

漢末紙發明後，用小土塊壓幾張〈黃古紙〉在墳上，表示這座墳墓有人拜祭之外，也象徵黃金滿墳讓先人享用。這是清明節掃墓掛紙的初始由來，流傳延用至今，在台灣這項習俗稱為「壓墓紙」。

掃墓掛紙象徵黃金滿墳，以此表達孝思。

漢代民間祀鬼神的習俗很普遍，尤其重視為死後的世界設想，為亡者張羅民生用品與慰靈的「仿錢幣」及「雞鳴枕」，因而從古至今在棺木上放置「領魂雞」的習俗經久不衰。此俗是安慰往生者之用，台灣都以雞毛、狗毛替代「領魂雞」且言明：「等到雞啼、狗吠，您就可以還陽與家人見面」，或以石頭及熟雞蛋安慰往生者講：「等到石頭爛、雞蛋出小雞仔，您就可以回來與子孫團圓」。

《黃河十四走》中冊：

送魂馬是喪葬儀式必備的民俗祭品，一般是用紙

29

紮馬與其他紙製品焚燒火化，隨死者至極樂世
界。也有小型紙印的〈送魂馬〉，跟除夕燒的〈紙
馬〉、〈甲馬〉、灶王爺上天「言好事」要燒的
〈灶馬〉均有上天入地的功能。（頁55）

紙印的〈送魂馬〉

甲馬

除夕燒的〈紙馬〉

灶馬

30

〈灶馬〉與現今台灣的〈送神紙〉用途一樣，以酒菜擺於灶上，使灶王爺飽食醉酒。或用糖、湯圓塗抹於灶王爺的嘴後，便將神像揭下，和金銀紙燒化，象徵灶王爺隨煙火一起上天庭言好事。

從上面的資料呈現，可知在東漢末年，除了慰靈的陪葬品，也出現除夕燒的〈紙馬〉、〈甲馬〉、〈灶馬〉，由此可窺知紙錢應起源於此時。

金銀紙形制初始

《金銀紙藝術》記載：

> 東漢以後歷朝的紙錢源流與遞變中，發現一些有關金銀紙使用的描述，像六朝時的道教文獻便提及金錢獻祭，如祭北斗需一萬二千錢，祭生氣要二萬四千錢。如此龐大的數字，非錢幣稀少的六朝所能負擔，所以那些信徒獻祭的，極有可能是仿製貨幣，而且屬於紙製品。(頁4)

在唐人傳奇中，可見到有關於隋末金銀紙獻祭的描述。以下引述《民俗曲藝》說明：

> 唐臨《冥報記》中較具代表性的三則故事，（一）睦仁舊說：鬼所用之物，皆與人異，唯黃金與絹可為通用，然亦有仿者，以黃色顏料漆錫箔仿金代用，以紙為絹帛，最是珍貴。（二）唐人左監門校尉李山龍，生前喜誦法華經，以為善果。暴

亡時而心上不冷，家人不忍殯葬，至七日神奇還陽。自說：當死時被冥吏收押，有仙人指點，若於水邊的樹下燒紙錢可以不死。山龍允諾，吏送回魂，見親人正哭著準備入殮，山龍入廳之屍旁即甦醒。日後備酒食並剪紙作錢帛，於水邊燒之答謝。（三）王璹死而得以釋回，是冥官索取仟錢，且指明要白紙錢。璹告知家人，買紙張作仟錢送之。翌日，璹又病危，夢見前吏告之：君幸能與我錢，而錢不好。璹另以六十錢購上等白紙百張作錢，親自於隆政坊西渠水上燒之。自此，王璹平復如故。(頁18-20)

從《冥報記》中可知，當時所用的金銀紙大致可分為四大類：

（1）金紙，在錫紙漆上一層黃色顏料。

（2）銀紙，於紙上褙一張銀色錫箔。

（3）錢，以紙裁成時人所用的錢帛形狀。

（4）帛，單純的紙張。

依據《冥紙源流考》：

唐代進士封演的《封氏聞見記》中，今以紙錢代為送葬，為鑿製紙錢，盛加雕飾，積錢如山。按古者祭祀鬼神，有圭璧幣帛，事後則埋之，後有仿寶及仿錢幣，遂以紙錢送給亡者。《漢書》稱盜發孝文園瘞錢是也。易俗從簡，更用紙錢，紙

乃東漢蔡倫所造，紙錢是魏晉以來始有其事，上自王公逮於匹庶皆信而通行。凡奉獻鬼神之帛與金錢，昔時埋地，今紙錢則皆燒之。唐人釋道世《法苑珠林》，紙錢起於殷長史。可能指晉朝長史殷仲堪或殷浩，年代在東昏侯之前。及剪白紙代銀錢用，剪黃紙仿金錢用。（轉引《民俗曲藝》頁7-8）

在此可見當時紙錢就分「金」分「銀」，而且剪紙還盛加雕飾，這是金銀紙形制初始。

金銀紙盛行於唐代

《民俗曲藝》記載：「唐代《文宗朝備問》，南齊廢帝東昏侯，好鬼神之術，剪紙為錢，以代束帛，至唐盛行其事」（頁21）。《中國民俗辭典》：「《佛祖統紀》，設盂蘭盆齋始於公元502年梁武帝」（頁305）。慈蓮禪寺師父的解說：

阿難夢見餓鬼討食，於是就設盂蘭盆齋，佈施食物以救渡餓鬼。這是從梁武帝時代傳至中國，凡是被水陸道場所超渡過的孤魂野鬼，都可以免去罪罰而得以升天。若男女命終時，舉行『十王供』，造作黃旛懸在祭壇上，虔誠敬奉金銀紙錢，可離八難苦，得生十方淨土。因此，一直到後世仍歷久不衰。

十王就是十殿閻君，經常在佛弟子主持的水陸道場或喪禮中，見到十殿閻王之掛圖及使用金銀紙錢。可見，好的習

以蓮花及一箱箱的金銀紙錢讓往生者一路好走

寺廟修建、祈安大法會或慶讚中元都有建醮普度。

頭份鎮永貞宮慶讚中元舉辦盂蘭勝會

俗就是「方便法門」互通而應用流傳。

　　引述《民俗曲藝》：「《新、舊唐書》均有記錄，王璵於唐玄宗時為祠祭使，肅宗時位居宰相，皆因少習禮學，博求祭祀方術而得賞賜」(頁22-23)。再如《金銀紙藝術》中所論述：「《知新錄》，唐明皇瀆於鬼神，王璵以紙為幣，用紙馬以祀鬼神。又《唐書·王璵傳》，漢以來，葬者皆有瘞錢，後世里俗稍以紙寓錢為鬼事，至是璵乃用之」(頁4)。唐玄宗年間，環境濕冷瘟疫蔓延，民不聊生。玄宗任命王璵為祠祭使，下令建醮普度，大燒紙錢，替天下百姓祈福。此舉，既可安定民心，另一方面消毒殺菌、改善了濕冷的生活環境。此可驗證唐代盛行金銀紙，連帝

王之家也不能免俗。

　　由上述我們可略知當時佛道興盛之法會頻繁。

　　水陸法會亦稱爲盂蘭盆會，將竹竿砍成三至五尺長，三隻竹竿成三腳支架，上面放置竹編作盆狀之鼎，稱爲盂蘭盆，裡面放文疏、衣物、金銀紙錢，祭拜後再加以焚燒。廣福壇法師吳盛湧說：「昔時於盂蘭盆會剪紙如錢形，祝禱後，金銀紙錢與心經於法會圓滿時，焚化供鬼神享用。」

　　可見古今皆是經由水陸法會，超渡冤魂，使世人更加確信，經由盂蘭盆會燒紙錢奉獻能消災解厄之外，亦能讓亡靈收到，能夠幫助先人在另一個世界過得好。

五代至今的演變

　　見《金銀紙藝術》：「《清異錄》，周世宗發引之日，金銀錢寶皆寓以形，雕印文字，黃曰泉台上寶，白曰冥遊亞寶」(頁3)。這是所謂「冥寶」的由來。五代後周世宗發引之日，百司路祭，以紙製作金銀錢寶之樣並雕印文字，這說明金銀紙的形制在此時已被廣泛應用。

　　金銀紙中的圖案，應出現在宋代發行紙鈔之後。

　　北宋的紙幣有「交子」、「關子」，南宋則發行「會子」，這種以紙幣代替銀子、銅錢交易的模式，使民間起而仿效，依據發行的紙幣，來製作有圖案的金銀紙流通使用。現流行坊間的冥幣、〈仿美鈔〉亦是如此，仿流通的

紙幣，讓先祖享用。

《冥紙源流考》載說：「《新五代史》，晉高祖石敬塘崩於天福九年，葬於顯陵；翌年（943）寒食望祭顯陵於南庄，焚燒御衣紙錢」(頁8)。《台灣民俗之旅》：「宋代詩人高菊磵詠清明詩：山北山南多墓田，清明祭掃各紛然。紙灰飛作白蝴蝶，血淚染成紅杜鵑」(頁308)。《金銀紙藝術》：「彭乘的《墨客揮犀》中，提到葬禮時將金銀紙紥掛在矗立的竹竿上的習俗」(頁5)。《中國民俗辭典》：「秦以前已祭墓事，唐代始盛行，此節俗亦流行於白、苗、蒙古、納西等少數民族」(頁283)。上述說明，從秦代就已祭墓事，而寒食節或清明節上塚追思，也有不設香火，只將紙錢掛於墓樹或竹竿上，同去的鄉親好友，不拜祭只登山望祭追思，見紙錢於空中，稱為劈錢。

參閱《金銀紙藝術》：

在九世紀末的道教文獻，杜光庭《太上靈寶玉匱盟真大齋言功儀》、《道教靈驗記》中，記有葬禮及法會中焚燒金銀紙、紙馬及奏章的儀式，以及用金銀紙消災解厄之法。《北帝七元紫庭延生祕訣》中也記載，這種隨風飄動的金銀紙，被風吹動吹響代表神靈的降臨。南宋西蜀道士呂元素的《道門定制》有黃紙、〈神馬〉、〈雲馬〉和〈本命錢〉的記載。《靈寶半景齋儀》也載有用銀錢、五色絲及五種不同種類的金銀紙祭祀五帝，

神馬

道教法會中焚燒金銀紙、紙馬及奏章的儀式。

並在儀式結束時焚燒。（頁5）

由宋代留下的描述中可知，今日通用的金銀紙早在宋代便已可見。

宋朝治喪、掃墓、焚祭時，大量使用金銀紙的風氣很盛行。《冥紙源流考》記有：「《宋史·凶禮誌》，976年宋太祖駕崩，宋太宗治喪時，命諸軍庶民白衫紙帽。以及北遼太后喪葬時，南宋曾北向祭奠而焚紙馬。宋代邵康節於春秋祭祀，亦焚紙錢。《邵氏聞見錄》，北宋仁宗駕崩時，開封之乞者與小兒皆焚紙錢。而洛陽則紙煙蔽空，天日無光」（頁8）。《中國民俗辭典》：「宋人范成大《祭灶詞》，古傳臘月二十四，灶爺朝天欲奏言。男兒酌獻女兒避，將酒燒錢灶君喜」（頁320）。《民俗曲藝》：「《曲洧舊聞》，當時宰相王安石為侄兒治病，祭儀中焚燒了不少紙錢」（頁32）。由上面的說明可知，在宋代，金銀紙除了使用

於治喪、掃墓、節俗及春秋祭祀外，也用來治病，庶民與達官顯貴皆同。

到南宋時，因錢莊的紙鈔開始流通，金銀紙的使用上也出現了新的形式。《金銀紙藝術》：「根據《道法會元》，有一種稱為寶鈔的金銀紙，常與仙經、錢、馬、金、銀、衣、帽、帶、鞋等物之紙馬，一起焚祭」(頁5)。道長陳添發表示：道教儀式中所用的紙張顏色，依五行而定；淨壇時先召東方神使，頌讀青紙紅字的文疏，而後再與九份紙錢一起焚化。召雷神天君時，用大紅紙黑字的文疏與紅色火馬、紙錢一起焚燒。召風雨神君時，用白紙黑字的文疏與黑色紙馬一同焚祭。也有在祭儀前，竹綁布幡再將金銀紙掛於竹稍，來招神靈降臨。上述衣、帽、帶、鞋等物之紙馬，應是現今流通的〈更衣〉。

契丹建立的遼國也有用紙錢。《冥紙源流考》：

在《遼史‧禮誌》，十月十五日祭木葉山時，焚紙造小衣甲、槍刀器械萬副；及冬至祭黑山時，焚紙造人馬萬餘。(頁8)

參考《冥紙源流考》：

《元史‧祭祀篇》，有燎柴、祝版、玉幣、絹帛等古禮祭品。《元典章》明令規範，除紙錢外，其他紙糊房子、金錢等禁絕。又，從歐洲最早來到中國訪問的馬可‧波羅，將造紙術間接傳回歐

洲，也見證紙錢的廣泛流通；他目睹成吉思汗帝
國為了祭拜死者大量焚燒紙人、紙錢的風俗；在
其遊記中記述元代敦煌一帶火葬時，以紙紮人
馬、錢幣與屍共焚。（頁8-12）

顯見元代仍然有焚紙錢的風俗。

到了明代，《冥紙源流考》：「《剪勝野聞》，開國功
臣徐達病故時，明太祖朱元璋蓬跣擔紙錢，道哭至第」（頁
8）。新年祭祖、敬神的活動，明代也相當盛行。《中國民
俗辭典》：「沈榜《宛署雜記》，各家祭祖皆用三牲熟
食，貨草紙細剪者為阡張（金銀紙錢），供於案前，過三
日後焚之撤供。神佛前則供用果麵、阡張至元宵才功德圓
滿」（頁260）。

滿族人入關之前已有『堂子祭天』掛紙錢之俗。《冥
紙源流考》：

《清史稿·禮誌》，堂子祭天，清初起自遼沈。吳
振棫《養吉齋叢錄》，順治初年，建堂子於長安左
門城外玉河橋東，元旦定先致祭於此。堂子祭天
與祭者有皇室及滿族官員，漢官不隨往，祭時各
掛紙帛（高錢）。《清史稿》，所懸紙帛，月終積
貯盛以囊，除夕送堂子與淨紙神杆等同焚。（頁8）

清代繼承明舊，傳習了唐宋以來祭天、敬神、祭祖使用金
銀紙錢的遺風。

除此之外，清朝廷對喪禮規定用楮幣（金銀紙錢）的數量，從皇室至庶民喪禮，按等級不同而制度化。《冥紙源流考》：

> 《清史稿・禮誌》，順治初定妃嬪之喪，初祭供楮幣十四萬。公侯至七品官初祭從四萬至一萬；士庶卒初祭用引幡金銀楮幣各一千。把金銀紙使用制度化，使清代集歷代金銀紙祭祀之大成。至此，社會消耗金銀紙錢數量之多，超乎想像。《養吉齋叢錄》，中元節時，康熙在避暑山莊放河燈。乾隆帝曾說：山莊盂蘭盆法會、紙錢與河燈，所費不過數百金也。(頁8)

除了喪禮，其他節俗或廟會祭典也使用金銀紙錢。如中元節拜普渡公、好兄弟、祭祖相當隆重，將各式金銀紙錢封成小封，上面寫著收受人的名諱，收受的紙錢數量，化帛者的姓氏及時間，這是俗傳七月底鬼門關閉前，各家都要「祭祖、施孤送錢」。緣起瘟疫流行的台灣中南部王船祭典，在清代民間就建置道場作法事，設大王船一隻，船內外添載金銀紙錢無法算盡，等法事圓滿，將船載至出海口，點火焚燒。普民認為這樣可以將瘟鬼送去，消災增福。

《中國民俗辭典》：「清人潘榮陞《帝京歲時紀勝》，寒衣節晚夕，緘書冥楮，加以五色彩帛作成衣帽，於門外祭而焚之」(頁314)。送寒衣之俗，元、明、清歷代相承，只

不過所焚「冥衣」，或爲竹紮紙糊，或爲剪紙加色，或爲刻板印刷，均是可燒化之紙，然而紙錢更是不可缺少的。

少數民族也有使用金銀紙錢的風俗。參閱《中國民俗辭典》：

> 達斡爾族喪禮儀式後，至墓前殺豬、牛設奠並燒紙錢。畬族出殯當晚設靈堂焚紙、唸經。阿昌族認爲人死後有三個靈魂，魂居於家、墳墓、鬼王處。每年七月初開鬼門，鬼王放魂歸家，須以酒菜祭獻，並燒一包金銀紙錢供亡靈使用，此舉稱爲「燒包會」。布朗族求流年吉利的祈禱活動亦使用金銀紙錢。仡佬族敬「依飯」儀成後，捧香盆至田間，小雞捆在竹上，意爲祈求五穀豐收。再將竹扛在肩上，燒紙錢，灑酒於四周，點香於盆中，捧回並置於祠堂祖先的神位前。仡佬族每年春二月，秋八月的社日舉行「春祈秋報」由頭人備齊香、紙錢、蠟燭祭拜社王（土地神）。仡佬族的祭祖活動相當頻繁，而且一定有酒菜及使用金銀紙錢。（頁588-648）

少數民族的崇拜與信仰，以祖先崇拜是其心靈世界中佔最重要的地位，同時也崇拜山神、大樹神和土地等自然神靈。讓亡者有金有銀進入來世樂土，建立新居如生前一般，也祈求天地間之神靈庇護。

金銀紙充實天地人間的各樣用途

燒紙錢盛行之前，古人在祭祀時燒的是幣帛。《家禮大成》記載：

> 問祭祀用紙者何？曰古者祭祀，只焚幣帛及祝文而已。至漢殷長始以紙代帛，唐王璵乃用於祠祭。五代時，文設紙銀，以為美觀。夫以紙造為錢銀，亦是明祭用以代帛，似亦無害，俗謂可為幽冥之資。（頁228）

《中國紙馬》有這樣例證：「清代虞兆隆《天香樓偶得·馬字寓用》記載：「俗於紙上畫神佛像，塗以色彩而祀之，畢即焚化，稱之〈甲馬〉。以此圖為神佛所憑依，似乎馬也。另說，是因畫中有神佛也有馬，見趙翼《陔餘叢考》，以五色紙印神佛像，焚之神前者，名為紙馬。或說，昔時畫神於紙，皆畫馬其上，以為座騎之用，故稱紙馬」（頁2）。在《金銀紙藝術》也舉證：「《水滸傳》第三十九回中描寫，神行太保戴宗在腳上綁的〈甲馬〉，用完之後將數佰金紙燒送，這無疑是紙馬中用於施行這種法術的專門紙錢」（頁5）。這些說法再次證明金銀紙被廣泛的應用，且將〈甲馬〉講得通天串地、陰陽幻化、活靈活現般地神奇。

早期筆者認為「紙馬」用途有六：**貼、供、掛、焚、帶、藏。**

貼：如春耕圖、六畜興旺、斗方等直
　　接貼用，增添喜氣、討吉祥。

供：如神佛、財神、百分圖等，將紙
　　馬等同是神明的分身，經過拜儀
　　後供奉有如神在、佑風調、廣財
　　源。

掛：則似關煞神圖、禁忌六神、白衣
　　觀音等，方便查看可防犯忌，或
　　似神媽、小中堂等，裱褙後掛
　　起。

貼的紙馬〈六畜興旺〉

焚：像往生神咒、冥幣、紙錢、金紙
　　等，經過祭拜後焚燒，誠奉獻，保平安，也有將神
　　佛、財神等，經過拜儀後焚燒。

帶：則有武財神、符經等過香火後，帶在身上護身，以保
　　出入順利，或是沒經過焚燒而直接帶往極樂世界的往
　　生被與入殮庫錢，是慰靈與安生之妙品。

藏：紙馬本是生活藝術、民間美術品，屬於民俗版畫，凡
　　具歷史意義、年代久遠及珍品是值得收藏與交流買
　　賣。二〇〇一年大陸台商傅先生邀我一同參加上海國
　　際商品拍賣公司主持的「第十屆錢幣拍賣會」，四百
　　多項錢幣拍品中，有一批出自絲綢之路上的古代金銀
　　紙錢，當時金銀紙錢成為國際商品拍賣會的重頭戲，
　　讓深諳紙馬藝術的國內外收藏者趨之若鶩。

供的紙馬〈神佛〉

可供可焚的紙馬〈百分圖〉

〈小中堂〉象徵掛在廳堂的神像

掛的紙馬〈白衣觀音〉

焚的紙馬〈往生神咒〉

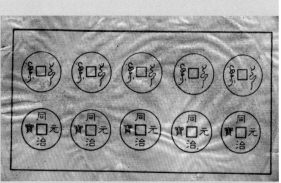

焚的紙馬〈紙錢〉

帶身的紙馬〈武財神〉

舊時覆蓋在亡者的〈往生法被〉

標示假地址，意圖躲避日本警察追究，此具歷史意義，是收藏家的最愛。

據台灣耆老林天樹口述：

民國四十年之前，貼、供、藏、掛用途的紙馬還可以見到，當時稱為「華南神媽」，焚的已經台灣化了，通常拜神明的稱「燒金」，給往生的或拜好兄弟稱「燒紙」。後來台灣經濟轉好，普通人家就有神尊供奉，貼的、掛的都彩色印刷，連經符也機器印刷。

近三十年來，筆者在田野訪查中，發現金銀紙在台灣更誇大被使用著，用途至少就有十項，包括寶、貼、供、掛、焚、帶、藏、洗、吃、撒。例如法師在金紙上畫符成寶可貼大門避邪、供奉如神在、掛飾增莊嚴、焚化添功效、帶身防意外、藏起補財庫、洗淨污崇身、吃可保安康、撒路錢布施辟邪。也有抗議時撒銀紙，表示「伊不是人」。還有許多人身上帶有大甲媽祖出巡時神轎壓底的「神轎金」，作為護身平安金，因為靈驗，所以相當受喜愛。每年七夕，民眾將〈七娘夫人〉貼在紙糊的七娘媽亭，經過拜儀後，與〈鳥母衣〉、金紙等一起焚燒；也有將〈七娘夫人〉當紙錢使用，此時稱〈七娘媽衣〉。現因景氣不好，坊間大量出現神佛金、發財金與列代祖先、祖母的〈公媽金〉。七娘夫人與近年來流行的神佛金、發財金、公媽金，有昔時唐山紙馬的血統。

從傳說故事與歷史源流考中，可發現古至今的金銀紙是以天神、地祇、人鬼為基底，包羅萬象，涵蓋萬物皆有

法師在金紙上畫符具有多功能之用途

小型的七娘媽亭

七娘夫人當紙錢使用時稱〈七娘媽衣〉

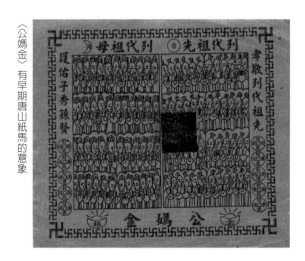

〈公媽金〉有早期唐山紙馬的意象

靈的固有觀念，融合各宗教信仰教義，道德倫理、法術運作、因果輪迴、現世實利等，各宗教使用金銀紙情形有點類似，卻又互不衝突。在中國民間生活的領域中，金銀紙便是一個五花八門的世界，它代表的不僅是人類對未知世界、超自然力量的敬畏，更表現出濃濃的人情味。俗信者稱爲「無上妙品」，不信者也可說它是迷信，而鼓勵信眾折現金奉獻以作爲公益之用。總之，金銀紙充實天地人間的各種需要。

三、是正信？還是迷信？

無法斷絕的金銀紙

　　有人以為燒金銀紙是迷信的行為應該禁止，但是在下評論的同時，不妨先對整個現象加以探討與認識。況且信仰與風俗應是多元發展，若已不符生活需求，自然會遭淘汰。若是人們覺得有保存必要，即便像日治後期強制禁止製造使用金銀紙，也無法斷絕千百年來的慣習。

　　按吳奐儀小姐《金銀紙業對苗栗中港地方空間的發展與影響》論文記載：「日據時期的寺廟整理運動，對於台灣寺廟或是金銀紙業等相關產業的發展無非是一大重創」(頁49)。此寺廟整理運動主要目的為廢棄台灣人民之舊慣信仰，將台灣寺廟神佛昇天，不准製造及使用金銀紙，並鼓勵台灣居民參拜日本神社而全面皇民化。

　　道長陳添發轉述父親在當時辦法事的辛酸：「民國二十年初期就有寺廟整理的宣導，到二十五年開始正式實施至三十四年初，廟的法會禁止辦理，如果有喪事道士只能有一個，不能張掛十殿閻君掛軸，只好暗用小張的看圖，很低調的小心行事。日本大人不允許使用金銀紙，如有喪

道長陳添發手中拿的就是火燒過的更衣印

49

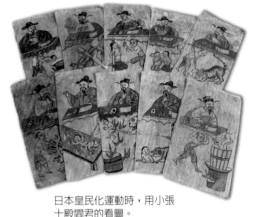

日本皇民化運動時，用小張
十殿閻君的看圖。

〈更衣〉火燒木版印再沾水蓋
在舊圖畫紙的背面

家須要用更衣或紙錢，都是直接用火燒木版印再沾水蓋在
兒童作業簿上暗地使用」。如此嚴厲的手段也無法終結金
銀紙文化。

　　在日治時期未實施寺廟整理之前，金銀紙業者向日本
東京、大阪進口紙張，稱為「內地甲種紙」，大家互得其
利而相安無事。後來日本人為了想徹底消滅台灣，認為最
快的方式就是實施「皇民化」，讓台灣人忘記原來生活之
舊慣習俗，成為日本皇民。因此，民國二十五年在台實施
寺廟整理政策，禁止生產及使用金銀紙。業者如被查到，
產品沒收之外還要拘留二十九天。其禁令雖嚴，但上有政
策，下有對策，民眾還是偷偷的燒金。業者與日本人關係
良好者躲在鄉下偷偷製造，其產品（參見頁45左下圖）隱匿
產地，讓日本警察難以追究，另外還要以麻布袋裝金銀紙
偷偷外出販賣。至於無管道的人如需要使用時，因為當時

皇民化運動時以麻布袋裝金銀紙
偷偷的販賣

以帳本貼上錫箔充當〈銀紙〉使用

缺紙又查禁的緣故，只好以舊帳本貼上錫箔充當銀紙使
用。辛辛苦苦為的就是爭一口「我是台灣人」的氣，延續
了中華民族的原有生活文化。

歷代使用金銀紙的爭議

　　是否應該使用金銀紙的爭議，歷代皆有。見《冥紙源
流考》：

> 宋‧歐陽修，《新五代史》中評論，晉帝在寒食
> 祭焚紙錢，是禮樂刑政何其不壞矣！為《新五代
> 史》作註的徐無黨也認為，寒衣祭祀皆百姓人之
> 事也，用於天子，見禮樂壞甚。南宋官員廖用中
> 曾上奏取締焚燒紙錢，議為是對神靈的虛妄和褻
> 瀆。（頁14）

　　近代也有為公益而努力的證嚴法師表示：「虔心可取

代金紙」。前台灣省政府民政廳長謝金汀曾光臨寒舍表示焚燒紙錢是心理安慰，基於愛地球顧環保的大愛精神，他有責任推行改善焚燒及撒冥紙措施。不久便發文邀集各宗教、學者、專家開會討論改善辦法，也獎勵不焚燒冥紙的寺廟及宗教團體，並洽請廠商印製有面額之金、銀、紙，以促使民眾減少焚燒紙錢之數量。還有苗栗玉清宮也效法台北行天宮不燒金。

台灣省政府印製有面額之〈金紙

在這麼多有心人士為推廣環保而努力之下，卻也敵不過金銀紙在普民生活中實際的需要。普民或許不敢奢求風調雨順，但起碼的國泰民安總是遙遙無期，只好敬天地、祀鬼神而繼續生活於燒金的人生中。

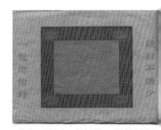

印有面額之〈銀紙〉，因坊間罕見，已成為高價收藏品。

燒金還庫錢是民間信仰

普民認為神就是佛，屬於民間信仰，但是難免還是會有佛與道的分別爭議。有時候看見尼姑、和尚裝束並不能保證對方真是佛教徒。普庵祖師門下作法會時，掛圖看似佛，裝束似三寶弟子，卻自稱道士，屬瑜伽派，另說屬「佛教緇門」。

再舉個實例，筆者曾目睹某望族的治喪

委員會難以決定治喪儀式，請來雙方住持說明為何要作功德法會。道士說：「透過功德法會領引往生者至十殿閻王前懺悔，有罪的經懺悔後減刑恕罪，再接往西方極樂世界，繳庫燒紙是依《道藏輯要》所載十二生肖需繳的數量而定。」帶髮修行者表示：「我們作功德法會直接將往生者帶至阿彌陀佛身邊，免受審可直接往西方極樂世界，繳庫燒紙是依佛教《壽生經》較為詳細，載明六十甲子之人需繳的數量。」宗族長老說：「佛教儀式雖說價錢貴很多，但能將往生者帶至阿彌陀佛身邊，直往西方極樂世界是比較好。」另個宗長表示：「人生誰無過，有罪的經懺悔後減刑恕罪，再接往西方極樂世界，還是道教儀式比較合乎邏輯。」

　　台灣民間佛道難分，儀式交融的混亂狀況可見一班，這是民間信仰之常態。姑且不論佛道分別，一般人還是有燒金還庫錢的習俗。燒金還庫錢，其實就是反應民間俗情的一種信仰。

掛圖看似佛，卻自稱道士，此乃民間信仰之常態。

道士抄錄十二生肖需繳的庫錢數量與庫官名稱

使用金銀紙是人間妙法

學者蕭登福於〈從《大正藏》所收佛經中看道教星斗崇拜對佛教之影響〉文中：

> 唐代一行禪師在《梵天火曜九曜》，述說祭祀攘災之法，行年至中宮土星，國王以季菓祭之，送〈本命元神錢〉，畫所犯神形供養，黃衣禱之，必消災增福。如流年逢羅睺、計都兩星，畫所犯神形，深室供養，燒錢攘之，即災害不生。(頁121-122)

又：

> 以勑鬼治病為主的《七曜星辰別行法》中，令人心中悶熱、煩亂、忘前失後，此乃鬼所為。須剪紙錢五十貫，以清酒白脯，取日午正南時祭。日人沙門快道在卷尾識語中表示：「於星供地鎮等

〈本命十二星君〉也稱〈本命元神錢〉

54

法，亦用紙錢清酒，實是釋門之妙術，密宗之奧
旨也。（頁117-119）

上述可見，一行禪師修述祭祀攘災之法中，用紙錢於祭祀
攘病，是人間妙法。現今也常見各宗教在祭星宿法之中使
用金銀紙錢。

　　學者侯錦郎大作提供了不少紙錢獻祭的資料，在《民
俗曲藝》中如此說明：

例如紙質必須精良；黃紙錢在陰間，相當於金或
銅錢，而白紙錢則似銀錢，一張紙錢等值一萬
錢；紙錢須購於坊間；紙錢數量具象徵性，且十
分誇張。為使紙錢完整地轉呈神靈之中，必須恪
守俗說規則：燃燒時不可翻攪，不可觸及地面；
黃昏時於近水的樹下醮酒祭祀，焚祭時須指名或
是「束草立席上」，使收受神靈有所依憑；無法交
予時，另焚祭紙錢犒請五道神靈轉交。此外，也
有不少與佛教有關的紙錢獻祭傳說，例如：奉地
藏王菩薩之命的僧人，因伴隨死者返陽而享紙錢
之祭。病者存想觀音，且焚祭紙錢，因而得以平
服病魔等等。（頁30）

這些記述，得知紙錢的概念用法及數量具象徵性，也顯示
金銀紙錢的妙用。

　　耶穌基督傳教士曾與筆者討論所謂正信與迷信，他表

示：「基督徒沒有撒紙錢的迷信行為，生病看醫生就好，拜拜、加持是沒有用的。」筆者笑答：「撒紙錢與撒聖水、撒糖果目的是一樣，都是為了趨吉辟凶。我也看過神父按著病人腹部念念有辭說，奉主耶穌之名治好你的腸胃病。」但聊天歸聊天，沒有絕對的對錯，究其理，東西方的種種信仰行為都是來自信仰本身所產生的信心，只不過實踐的習俗因地而異。

筆者始終認為敬神佛、祭祀祖先之「俗信」行為是一種「正信」，至少具有雙重意義。

其一，敬神佛是因為人們對歷史上的聖賢者之精神感佩，而由衷表示敬意。偉人們是一生謀求人類幸福的大善行者，因此我們尊敬他。歷代聖賢豪傑烈士以言行教導我們人生態度與方向，所以祭祀就是「教」，在祭儀中教導我們正正當當成為守本份的人。

其二，祭祀祖先是表示不忘本。中國人父母親養育子女長大成家後，子女奉養父母親是天經地義已經定俗。因此在父母親往生後的紀念日，亦會「事死如事生」準備飯菜與金銀紙替代零用錢，表達孝思之意。筆者相信「事亡如生」舉世皆同，但會因當地之生活習慣延伸進行追思。因此，祭祖也是「教」，教大家莫忘源遠流長的「根本」。

上述二點皆是代表感謝的。蔡倫先師發明紙使得人類文明因此躍進，我們感謝而祭祀之。大禹治水有功，整治洪水解除人民大難，我們感謝大禹而尊之為水官大帝。我

們尊敬神佛，是因爲神佛妙法大慈大悲，我們感謝其慈悲而敬仰之。所以敬佛也是感謝。以「不忘本」、「教育」、「感謝」所表現的信仰行爲，就是「正信」。

正信與迷信是人爲因素，與任何宗教原義無關。金銀紙替代舊俗眞金眞玉的祭祀奉獻，是文明的進步，是人類科學。正確使用「俗信」便是實踐「正信」，人爲不當使用「俗信」便會變質爲「迷信」。

四、燒金的信仰心靈

對天地之生養感恩禮敬

　　人受天地之覆育影響，但因爲人的智慧有限，力量有限，生命有限，天地人間有許多事仍是不可知、不可言，即使通靈或算命的半仙也說陰隙最難評。人對自己未來尚難預料，更何況天地之幽冥。因此人會對天地之生養感恩、禮敬，對天地災變、共業則畏愼所禱，這就是爲什麼有信仰。

　　中國人一向敬天地而祀鬼神，因爲我們了解，人之生是承父精母血而十月胎成，但人之生須仰賴精、氣、神，否則便無行爲能力，而人之稟精氣神有強弱虛實，故人有窮通禍福之別。因此，人喜好探窮「生從何來」。既有生，就有死，死乃精竭氣離神分，也就是說魂飛魄散。雖其形體已腐，但又好奇欲探「死從何去」，是否有「六道輪迴」。人有生老病死之厄，今日科學雖盛，仍有許多病痛無法治癒，雖可延遲老化，但不能讓人長生不死。科學愈昌明，相對物化愈嚴重，當人的心靈就會愈空虛，爲求心寬，各種方式的信仰就因應而生。

風俗與信仰的需求

　　人類的信仰多是從天地自然的畏懼開始，從而心生崇拜，接而擴展爲對大自然內許多象徵器物的圖騰崇拜。如

台灣原住民多以蛇為圖騰，有許多關於百步蛇為祖先化身的傳說和不准捕食蛇的禁忌，其紋身也以百步蛇身上的三角形紋為主，演變成各種圖騰紋樣。到了信仰最後的階段，人類開始將畏懼而心生崇拜的心理轉移到靈魂、神鬼，稱為神靈崇拜，諸如祭祖、拜好兄弟、關聖、媽祖、佛祖等無限延伸。

中國人心靈生活與風俗習慣，大都以寧可信其有的中庸之道作為生活準則。相信人要長命百歲，須有養生飲食、拜神誦經、胎息辟邪、導引行炁，甚至煉丹使符盼求延生。生者也細心規劃人死後的世界，希望百歲後的天堂與現實社會的生活一樣，事亡如事生。

《家禮大成》之祭祀辨考：「問祭之義何？尚書云：祭者察也，言人事至於鬼神。祭祀者，報本追遠，追思其不及之養，而繼以未盡之孝也」(頁227)。可見，事亡如生之祭祀已經定俗。中國民間的祭祖習俗有延續祖先生命的象徵，有薪火相傳精神不死而永存人間的意義。祭祖也是傳統儒家慎終追遠的孝道表達，且具有非常濃厚的家庭觀念，也是凝聚家族力量、團結宗親的表現來增強社會關係。祭祖的行為是精神不死的神靈崇拜，以「事死如事生」表示追思，並學習祖先篳路藍縷的精神，鼓勵子孫學習以期子孝孫賢、家道繁榮。

自古以來，中國人融合了古代神話與傳說，通過天象的觀察，並結合儒家倫理、道家自然觀與佛家因果輪迴。

以人為中心的態度，雖然有個人中心主義之傾向，卻也重視倫理的身分秩序及血緣關係，強調人為宇宙的縮影，而講求天人合一、天人感應，最後表現出圓融的心靈世界，於是「敬神如神在」的風俗與信仰觀念，深入民心而綿延不斷。

風俗與信仰習慣，是中華民族在長期生活中形成，不斷重複進而沿襲傳下來的生活文化，且得到廣大民眾識同，成為群體文化標誌的一種獨特生活方式和文明進步，凡此種種，我們通稱為俗信。信仰與人類各個生活的層面密切相關，也就是說信仰不只是信仰而已，它擴散到生活的各個層面，因此民間信仰與民俗密切相關，因此也可稱為民俗宗教。

民俗宗教之信仰、生命禮俗、歲時習俗、祭典儀式，皆因俗變異，與時遷化。在台灣信仰呈多元化，而且持寬容態度，從不強迫、限制他人的信仰，亦不排斥外來的宗教。

台灣民間的信仰內容相當寬廣，包括一切年節民俗及禁忌、風水地理、擇日、婚喪喜慶、鬼神崇拜等皆與信仰相關連。民俗與信仰擺脫不了金銀紙的關係。舉凡祭拜祖先、普渡祭施、敬神禮佛、驅邪鎮煞、祈安求福、謝恩還願、拍電影開境、求學考試等等俗信皆要燒金拜拜使用金銀紙，以祈消災解厄、添福寬心。

這就是中國的民間信仰最大的特色，即是相信無論是

祭江洗港撒〈金紙〉是驅邪鎮煞

中港慈裕宮盂蘭會啓時「普施」

苗栗玉清宮消災法會
以豬、羊懸掛〈高錢〉
謝恩還願。

地獄或天庭，這兩個不能完全確定的想像空間裡，也與我們所處的人間生活相同，是一個完整的經濟體系，也有貨幣流通。神靈世界所流通的貨幣，即是生活於陽世的人為了對「萬物皆有靈」有所求，與其連繫、溝通所焚燒的金銀紙錢，無論信仰世界或現實生活，都充份反應人生真實面。

中國人以「錢」為養命之源，為基礎元素的人生禮儀，如喜慶的紅包錢，喪葬手尾錢、口含錢等。又有以紙錢作為歲時風俗添喜氣、增吉祥的元素，如春節貼五福門錢，清明敬祖紙錢致祭，以及七夕錢、壓歲錢等。像是春節前的除日以紙錢祭墓，是為祖先送壓歲錢的好日子；快過年時，將紙錢致祭先祖，也稱為送「壓歲錢」。這些民俗都反映出錢在中國傳統生活文化中所具有的特色。

台灣的生育風俗：女人生產，拼得過雞酒香，拼不過四塊板（進鬼門關），是非常危險的。所以，婦女臨產前，必須趕快到宮廟祈求「生產符」。以中港慈裕宮為例，備妥金香、敬果將產婦名字、住家及醫院稟報天上聖母及註生娘娘知情，再由廟公請神畫生產符，保佑生產順利，母子平安。台灣的生育風俗或許不可思議，但如此俗信可增強信心，製造精神上的依託。

自古來不論君臣庶民，以信仰增加信心永遠是必要的。又如升學考試是學生之間彼此以考試表現作比較，平常努力讀書固然重要，但信心更是須要。因此，精神信仰

慈裕宮廟公蕭金財畫符保佑信女生產順利

的神秘領域所衍生對人心靈上慰藉，當屬人類科學，這是醫藥科技無法達到的效果。全球人類在信仰的國度中，儀式或許不同，但其精神、意義應屬類似。

燒金拜拜是科技無法給的心安

　　學者吳彰裕〈台灣民間及宗教幾個信仰問題與探討〉講座中提到：

> 人一生下來都與三界之中脫不了關係，而且都依三界之物維生。每個人在生活中難免會犯錯，將你曾做過不好的事，對著神祇告白懺悔，一定要用黃色的紙，稱為「黃榜書」，把你的罪過寫在裡面，要寫三張。你這一生有沒有對不起天，有沒有對不起地，有沒有浪費五穀，有沒有懶惰耕耘；有沒有對不起水，對不起水族，寫一寫，用

一些祭祀的五穀或者是三牲禮，然後把那些紙一起燒掉。這就是三牲禮演化到今天我們為什麼要燒金紙，燒金紙就是燒三官紙。

關於三官的信仰，紅頭法師曾乾德表示說：

> 三官信仰是人們對天地山川自然敬拜的一種。張天師創立道教以後，就開始崇奉盛行，昔時並沒有專祠和神像，只在各道觀懸掛錫爐拜祭，這錫爐就是一般所稱的『三界公爐』。三官即天官、地官、水官，掌理人間賜福、赦罪、解厄的神祇。

燒金拜拜過程中，經由服罪、懺悔進而赦罪、解厄以臻平安目的，是科技無法給的心安。在祀神禮儀中之最後，「焚祝化金紙」俗喻「發毫光、見祥瑞」，是送神禮畢之意。

現今社會風俗信仰儀式及燒金拜拜的主要目的，已不只是表象的意義而已，更在於維繫宗族與社會關係，並維持傳統民族的精神不至於失傳。現代人仍在祀神禮佛，這是科技無法給的心安，因此，金銀紙文化得以流傳幾千

年，正因爲它包含祈求心安之目的。

　　金銀紙本身起源於東漢造紙術發明後是可信的，且使用金銀紙的觀念是新石器時代以來陪葬及獻祭仿製貨幣的延續。雖然獻祭的內容形式一直因時代而改變著，但其中的精神與目的卻是大同小異。基於心靈的欲求和物質、精神的需要，人類藉由儀式及金銀紙，向不可知的神秘世界尋求安慰和期望，這就是金銀紙的眞義。

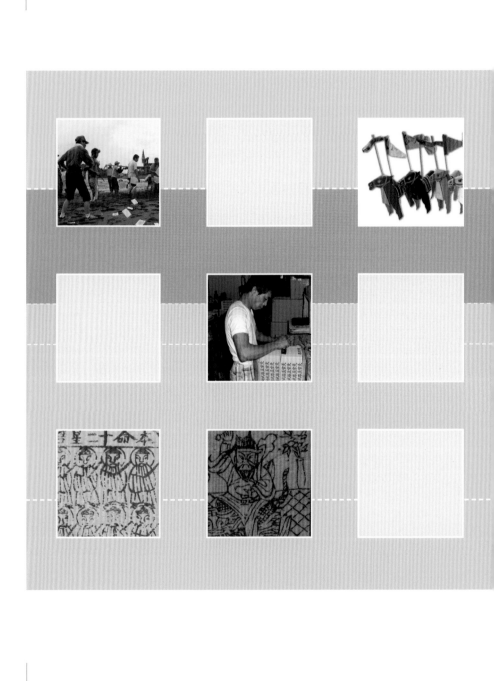

〔卷2〕金色手工藝
──造紙與金銀紙加工製作

一、竹仔紙的製造

　　中國傳統手工造紙之原料不外乎麻、皮、藤、竹、草五大類。台灣的金銀紙大部分採用竹子造紙，業者稱為竹紙、原紙或粗紙。

　　台灣造紙始於清光緒年間，從南投到埔里一帶因產竹而製造竹紙，但大部份金銀紙業者是用日本及大陸輸入的竹紙，後來嘉義、雲林、新竹、苗栗縣也都有製造。竹南鎮中港金銀紙加工業，早期皆用南庄與獅潭的竹紙，後來交通便利後才由古坑、梅山、竹山等地提供。一九九一年起，開始從印尼、大陸進口竹紙及金銀紙成品，但手工製造的業者，還是堅持使用紙質較佳的台灣竹紙，與進口的區隔。

　　一九六一年，造紙師傅翁坤山在苗栗縣南庄鄉生產竹仔紙，同時在中港也從事金銀紙加工業。身懷手工造紙技術的翁老師傅口述竹子造紙的六個步驟，從取材、處理到完成皆有賴人力與獸力完成，但現在全是使用機器造紙，以往手工作業已十分罕見。

　　根據筆者研究，手工製造的竹紙是浸泡石灰水，以薑黃或槐花染色。《本草備要》記載：「薑黃性味苦辛，色黃入脾，兼入肝經。其功用理血中之氣，下氣破血，除風消腫」，可知薑黃是非常好的消炎中藥材。手工製造的竹仔紙非常天然，製成金銀紙，敬奉焚燒後灰燼是聖潔的灰白色，可惜今日已不復見。

圖解手工竹仔紙的造紙六步驟（翁坤山師傅口述，筆者繪圖說明）

「砍竹浸竹」

在節氣清明之後、穀雨以前，是上山採收竹子的最佳時節，最晚也要在端午節之前採收，稱之「現年竹」。將採收的竹子修枝去葉後，砍成約三尺長的竹條，再剖開成四片，在水塘裡浸泡石灰水至少三個月，使其充分軟化。在軟化期間一定要翻攪或換石灰水，才不會讓塘底過黑。泡軟了以後，撈出來換池泡清水洗滌，也需三個月。這期間要經常換清水至少五次，直到去除石灰質為止。如果放在河中由自然流水洗滌，效果更快更好。

早期手工造竹仔紙的粗石輪

「獸力碾料」

竹子軟化後撈起，以牛隻拖粗石輪繞圓窟碾碎。開始壓碾時一定要有人代領著牛，才不會因有「擠」的聲音使牛隻驚嚇。當牛適應輾料聲響了以後，牠就可以自己拖粗石輪繞圓窟直到碾碎。在展料的過程中，每隔一段時間必須以人工翻料，以求均勻。

「碾細拌料」

碾料後，再以另一牛隻拖石版圓輪繞圓窟碾細。這過程也要不斷地以人力翻料，以求更細緻均勻。如果沒有人代領著牛時，需以黑布遮掩牛的雙眼，牛隻才不會暈眩或懼怕，如此就可順利碾細。展細之後，以人力鏟料入池拌料，用薑黃或槐花進行染色。

「抄紙揭紙」

碾細拌料於抄紙槽中，以竹竿攪打，使纖維分散均勻，待水流平靜後即可撈紙或稱抄紙。撈紙是整個手工造紙中技術性最高的步驟，紙張的厚薄完全取決於師傅撈紙時的功力。每抄一張紙就斜放置於旁，微乾後由助手揭紙。揭紙看似簡單，實則相當困難，稍有不慎，就會造成紙張破損。

「古法壓紙」

將抄紙揭紙之後成疊的溼紙靜置過夜，隔天一早就要壓榨去水。

「戶外晾乾」

將壓好的溼紙五、六張成一小疊予以揭開，置戶外晾乾，即成「雙嘴竹紙」，賣給金銀紙加工業者，他們再一張張撕開。

圖解現代機器造紙方法

機械切竹、碾碎後輸送至浸竹池，用蘇打浸泡十天即可軟化。

竹子浸泡軟化後，清水洗滌多次後，用怪手撈起以車載至攪拌池邊，再以人力鏟入攪拌池攪碎。

攪拌池攪碎後漂白、配料、加色成紙漿。

配料加色後，用送風方式將紙漿傳送到特殊毛毯「撈紙」。

毛毯撈紙後，滾輪壓平紙張，亦把水擠壓出來，同時以水刀切邊。

紙張以自動方式輸送，經由涵箱燃燒硫磺煙色，再以燃燒重油的烤箱烘乾。

成捲完成，再依客戶需求裁長2尺6寸、寬1尺之規格，或整捲販賣。

一般竹紙所需的竹材爲桂竹，其嫩竹所作的紙張除質地較輕外，在製程由於是以石灰浸泡及天然添加物爲主，經燃燒後的灰燼爲灰白色；而現代造紙以蘇打浸泡竹子，或是添加化學合成物的產品，其灰燼呈黑色。因此，如還有早期使用純竹紙製作的金銀紙，都已是收藏珍品。

現代化的連仔紙生產大工廠。

二、手工製作金銀紙

前置作業

　　一項成熟的傳統加工製造業，需經過數代前輩的試煉嘗試，去蕪存菁才能讓產品達到最佳的效果。金銀紙給人的直覺印象是樸拙，實際上業者亦想延續並突顯傳統美感，努力在工料、工序、工法等技術層面上追求縝密及明確的規範。

　　手工製作金銀紙需事先準備的工料與前置作業，包括：

◎斬紙工具：柴砧、斬刀、柴槌槌。

◎切割錫箔用的竹刀，才不會產生靜電而黏來黏去。

◎鑢紙工具：

1.槓紙槌　　　2.紙勾　　　　3.粗鋸鑢

4.中鋸鑢　　　5.鐵釘鑢仔

6.粗鐵皮鑢仔　7.細鐵皮鑢仔

8.粗紙　　　　9.浮石。

◎準備「稍紙笐」與「漆紙笐」
　兩種。

原先用梧桐樹皮，後來改用破
布子樹皮。先裁取所需尺寸，
壓平後搥打成「漆笐」，稱為
「取笐仔」。

◎綁鈔的鹹草。

藺草業者稱為「鹹草」，也就是
苑裡的三角藺。選鹹草是分長
短，再賣給紙加工廠時以斤計
價，長的鹹草比短的貴。

◇為什麼要用鹹草綁金銀紙呢？

　　金銀紙經由焚燒轉化成那個世界之錢
幣，用鹹草可以隨之完全燃燒，這和現在用
來綁鈔票的紙條意義是一樣的。

　　有人說：「鹹草不可燒，功德做到墓仔
埔」，我想這跟吃貢丸會損龜、吃蘋果會貧
窮等說法一樣，是沒有什麼道理的。事實上
蘋果的發音代表平安之果，紅色也是吉祥顏
色，所以蘋果當然是可以拜、可以吃的好水
果。說到這裡，我想到另一個常聽到的類似
疑問，就是說燒〈壽金〉、〈福金〉不能摺
痕，因為會折福折壽，還曾經記者不加考證
信以為真地報導。其實燒金銀紙時折出摺
痕，可以更容易促進焚燒轉化，而且因摺的
過程會留下你的指痕，那是你誠意奉獻的印
記。

　　現今業者多用塑膠繩或橡皮筋來替代鹹
草。就環保觀點來看，塑膠繩與橡皮筋無論
燒化或丟棄，對環境都會造成污染傷害。信
仰理念之中，神靈不能接受塑膠繩與橡皮
筋，只有天然的鹹草才能交轉被神靈接受。
所以我們應捨塑膠繩與橡皮筋，而堅持採用
天然不具污染的鹹草。

◎抿面仔工具：印版、紅藥、棕
抿仔（刷子）、菜瓜布。

◇紅藥

　　紅藥亦稱為紅花膏，為紅色膏狀天
然水性顏料，主要成份是蘇木、明礬、
鹼粉、石灰等熬煮成紅藥。

　　筆者在一九八二年時跟黃金龍學習
煮金藥以及紅藥，煮紅藥方法為：蘇木
搗碎或碾成粉狀再熬煮，以鹼粉調整水
質並可提色，倒入竹筐內有濾布及明礬
塊，此舉稱作「洗」。要洗到紅汁與水分
離，盛入碗中澄清時碗面可以呈現清水
的程度。然後加石灰放置於沉澱一池，
再加明礬至第二沉澱池，最後以布吸乾
沉澱後的清水，即成膏狀的紅藥。

　　早期生產金藥、紅藥的有陳發、謝
皮、陳傳、黃登諒等人。近期則有李罔
市、義順行、黃金龍、鍾金水，其中義
順行與黃金龍產品行銷全省。

◇獨門配方

　　現今機器印刷製造，是用
化學紅色素，由俗稱的「紅蕃仔
米」、桃精、鹼油、C.M.C黏稠
劑等材料，調配後加溫煮沸而成
濃稠的紅藥。

　　紅藥是直接影響金銀紙美
觀的重要關鍵，因此各家老闆都
有獨門配方不讓他人窺知。

◇雕版工夫

木雕版師傅柯丁城

現代最具代表性的木雕版師傅柯丁城說：「雕版製作的好壞，是金紙成品的關鍵。至於雕版的技術，則結合了繪畫與雕刻的特質。因此圖稿設計與刀法技巧，皆是缺一不可的重要功夫。」

工料之版印製作是專業技術，先選取既便於雕刻，又不易變形的棗木、梨木、烏心石等硬木，再雕製成木版印。竹南早期專刻金銀紙版印的師傅有葉阿九、許書鳳、陳清山等人，近代則有柯丁城、施晉榮等木雕版師傅。

榮輝刻印社施晉榮

榮輝刻印社施晉榮業界聞名，除了擅長木雕版、機器製膠版之外，他畫的圖稿與手工雕刻滾輪膠版更是獨一無二。

由於雕版技術與質材的改良，金銀紙印刷作業也逐漸由機器所取代，以平版、滾輪印刷的機器則需要使用膠版。現代科技下的機器印刷品，雖然提供大量的商業使用，也增進成品的精美程度，但是卻逐漸失去了手工印製時代所保有的樸質美感與肌理。膠版製作佔台灣翹楚的是北部新莊的信華公司鄭世仁、慶大企業鄭大慶與南部新營的天龍堂陳清次。

◎漆紙工具：金藥槽、金藥、樹皮漆笫。

◇金藥

　　黃金龍煮金藥方法為：中藥槐花加鹼粉熬煮濾汁，再加明礬塊或礬粉就是天然膏狀的金藥。這方法與筆者國小時，在對面李罔市工廠打工所學略有不同，其差別在煮槐花的方式與大小火侯前後不同。

　　現今漆錫箔已改用金油，原料是木精、拉庫片及皂黃色素的組合。釀酒技師楊雲琮表示說：「木精就是甲醇，是一種無色液體的工業用酒精」。拉庫片就是天然漆料用的洋干片也稱蟲膠，是一種昆蟲的分泌物，主要成分為樹脂與蟲蠟，同時還有若干高濃度的紅色素，經採集並清除雜物及乾燥後即成紫褐片之蟲膠，要以木精將之分解成漆劑，特點是快乾，缺點是耐水性不佳，易白化。

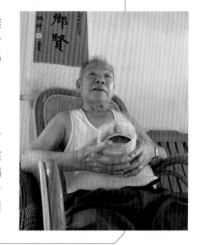

◇有「金藥龍」美稱的黃金龍師傅

　　他說：「槐花是消炎中藥，所以新鮮金藥可以治燙傷」。夏天黃色粄仔粿就是用槐花作為天然色料。使用純竹紙、天然水性顏料之金藥漆錫箔，以及紅藥木版拓印的金銀紙都帶有中藥的香味，現在如果還有此類金銀紙，收藏家無不爭相收購珍藏。

◎蓋印工具：紅藥槽、海棉、紅藥水、柴印。

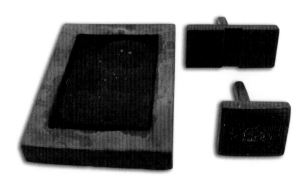

◎紙栓。又稱紙捻，用小張三角形的白紙或桃紅色紙放在磚塊上，以手一搓即成紙栓，平常製作流程中都是利用工頭工尾搓紙栓備用。

◎鍘刀。

鹹草有長有短，得由業者依所需長度裁切，這項手續叫做「切鹹草」；以鍘刀一段段地切下適用長度的鹹草，再拿去陽光下曝曬乾燥，以防發霉。

◎其他。

褙紙工具的碗公、紙箔砧以及紙甩仔、枋棚（工作台）等，紙加工業者無法自己做的，都有專家代勞。最重要的工料是從達順行、金寶珍、許天送等大盤商買進原紙與錫箔。

所有工料與前置作業準備齊全，就可以開工生產了。

金銀紙加工製造工序

金銀紙加工製造工序如下：原紙→撕紙→開紙→絞紙→鑢紙→割箔仔→累箔仔→煮糊仔→褙箔仔→曝紙→漆金藥（銀紙免漆）→曝紙→抿面仔或蓋印（壽金正面蓋印，刈金、銀紙正面免蓋印）→曝紙→累紙→累計→斬只仔→鑢紙→鹹草沾水→綁只仔→清面→側面打印（蓋邊印）→成品打包→運送。

圖解手工製造金銀紙的方法

◎製作金銀紙工法的第一步「撕紙」。

將雙嘴紙一張一張的分開稱為撕紙。如採用「甩紙」工法，是將黏在一起的紙剝開一角，以一尺六寸長條圓形木棍伸入兩張紙之間，木棍一劃，兩張紙就分開了。1978年後就看不到甩雙嘴紙了。

◎「開紙」。

「開紙」是將原紙裁成三開的中型紙以適合手工作業，此動作也稱為「斬紙」。通常要從磨刀學起，得經過二、三年才能成為斬紙的「頭手師傅」。開紙的工具用的是沒有柄的大斧片，稱為「斬刀」，與狀如圓筒的「柴槌槌」，另外還有「大柴砧」，及一個可置木槌的木椅。這些裝備齊全了，由師傅將原紙放在大柴砧上，左手的大母指與食指夾住斬刀，另外三指是穩定作用。刀口對好位置輕放在紙上，右手先使力一按再舉起柴槌槌敲打刀背，將紙「斬」開。這動作必須一氣呵成，才不會留下多次的刀痕。

斬紙所用的柴槌槌上，固定有一圈的橡皮環墊，其用意除了減低木槌的凹陷碰損、吸收敲擊的反作用力之外，據業者陳坤輝表示，當初設計原意其實是為了減少噪音。在日治後期，日本警察取締製造金銀紙，業者必須在私底下偷偷地製造，為了不讓斬紙的聲音傳出而被發覺，所以用舊輪胎製成橡皮墊來消音。

◎開紙後，接下來需要進行「絞紙」的手續。

原紙送來的時候，它的紙邊本來就十分地粗糙、不整齊。經過了初步的裁切，粗糙的紙邊與切割面會使成疊的紙不易分開，難以計數，也使得接下來的工作不便，所以需要鑢紙修整刨光。先將紙分好幾次放在枋棚，未固定之前防紙傾倒，必須以「紙勾」勾住，方便紙的排列，再以兩隻長條「紙絞」固定，以「槓紙槌」捶打壓平「紙絞」中的紙，然後開始鑢紙。

◎「鑢紙」。

「鑢紙」其順序是由粗至細到刨光，先用粗鋸鑢左右來回鑢粗糙的紙邊，再用中鋸鑢、鐵釘鑢仔、粗鐵皮鑢仔、細鐵皮鑢仔作較密集地前後、左右來回鑢紙，最後用灰白色浮石或粗紙加以修整刨光。經過這幾道鑢紙刨光手續，手才不會被粗糙紙纖維挫傷。紙的四邊都要「鑢紙」，此工作昔時由「二手師傅」擔任。

◎紙鑢好了，便可以「割箔仔」或稱「撕箔仔」。

錫箔面積的大小，可決定金銀紙的價值多寡。而一張箔紙的完整與否，也影響到價值高低，所以對於易折皺易破碎的箔紙來說，割箔仔是需要熟練的技巧。因為錫箔成本昂貴，裁錫箔的工作通常是由老闆娘親自操作。雖名之為割箔仔，實際上是用撕的，是以左手拿錫箔刀壓住錫箔，再用右手撕成所需大小的四方塊。

◎「累箔仔」。

「累箔仔」是將黏在一起的整疊錫箔一張張鬆開。在一小疊錫箔上园一張透明玻璃紙，用手輕輕地撇開錫箔，再用硬幣或指甲在玻璃紙上輕輕地由上而下累箔仔，即可將錫箔一張張鬆開，然後逆向將錫箔約略收齊準備「梢箔仔」。

◎「梢箔仔」，就是裱梢錫箔。

先煮開水至大約攝氏90度，再加入太白粉攪拌成稀釋的漿糊稱為「煮糊仔」，加一點點蘇打，可以讓漿糊保持良好的濃度，而且有防腐作用。如今都是直接添加防腐劑。除了以太白粉調製之外，也可以用海菜粉攪拌成糊，冷卻之後才能梢箔仔。

梢錫箔的工具是用樹皮作的刷子「梢紙笐」，沾取冷卻後的漿糊，梢紙笐以斜角黏一張錫箔在紙的反面（粗面），定位後先往下梢再往上裱，此時漿糊是在錫箔上面。然後左手翻一張紙壓蓋在錫箔上再用手撫平，如此一來，一張錫箔就被平整地梢在紙的正面上了。梢箔仔這是屬於師傅級的工作，尤其是梢〈大百壽金〉的大張錫箔，更是其中真功夫。但昔時男尊女卑，這項多由女師傅擔當的工作就被稱為是「小工」而已。

◎梢箔仔後需要「曝紙」。

以日照乾燥方法將梢好錫箔的紙加以曝曬，其過程要反覆將紙換邊，才能均勻曝紙，其目的是為了防止發霉，以及容易焚燒使用。

◎「漆金油」。

「漆金油」必須用鐵夾子夾海棉的「海棉漆筅」，沾金油在箔紙上漆出平整的漆痕，可使錫箔變成金黃色，仿黃金的價值來奉獻。

沒有漆金油就裁開，即為祖靈或鬼族專用的〈銀紙〉。

◎漆金油之後，需要再一次的「曝紙」。

這步驟是要使漆金油的地方乾燥。經過乾燥處理之後，裁開就成為〈刈金〉或〈福金〉。

◎「抿面仔」。

手工印面仔紙與印內層紙（業者稱腹內）均稱「抿面仔」。漆金油之後在正面抿面仔或蓋印，在正面中央的紅印大多為圖案及祈求之語，皆蘊含著吉祥的意義。

◎**抿面仔後「曝紙」。**
紅色膏狀印料的紅藥不容易乾，仍需將紙移
至戶外曝曬，使蓋印的部份乾燥。

◎「累紙」。
「累紙」或稱「翻紙」，從左右兩邊的紙，左
手一張、右手一張放在一起，稱為「文武
切」，也就是「累紙」。此動作可以讓紙膨
鬆，原本是100張的金銀紙，經過「累紙」
後，可增十分之一的高度，販售時賣相較
佳。

◎「累計」。
「累計」是依客戶指定價錢算張
數或量高度，各種金銀紙在斬
只仔之前，一定要經過累計張
數的手續。

◎「斬只仔」。
在累計好張數後，裁切為市售
時成品尺寸，稱為斬只仔。

◎「鑢紙」。

「鑢紙」是斬只仔後，切割面不平整留有刀痕，會使打印不容易清楚且「綁只仔」分疊計數也不方便，因此還要經過一次鑢紙。這次不用像前一次鑢紙如此費工，僅需要用細鐵皮鑢仔、灰白色浮石或粗紙加以修整刨光。

◎「鹹草沾水」。

微溼可使鹹草軟化，會令「綁只仔」時不易斷更順手。此動作一定要當天綁只仔之前才能將鹹草沾水軟化，前一天預先沾水的話，隔天鹹草就腐爛有異味。

◎「綁只仔」。

「綁只仔」過程中，需要在捆綁成疊之前，在每一疊金銀紙上加一張「面仔紙」。通常以十張作為一小疊，這叫一百；然後五小疊再綁成一疊成為五百，也有兩個五百綁成一千的，也可以依客戶指定張數而作調整。

在中部現在還有「當紙栓」亦稱為「當釘仔」，而且可由機器操作。以壽金為例，約30張一小疊，釘入一支粉紅色紙栓，然後每十小疊再以機器「綁只仔」，但使用的捆綁材料通常已經改為塑膠繩。

◎「打印」。

就是所有金銀紙的成品側面蓋印。將「紅藥水」倒入印台，手持印模，蓋印在經過修整刨光而顯得特別平整的切割面上。有的商店在陳列販賣時，會把我們說的側面作為正面置於櫥櫃上，讓購買客人好辨認產品名稱。因此，業者特別重視側面，並額外花費功夫在鑢紙以及講究打印，通常是由大師傅或老闆親自打印，確保品質。

◎「清紙面」。

綁只仔以後將產品集中到另一枋棚，先以棕刷清除紙棉絮，稱為「清紙面」，以利之後打印清楚。

◎邊印暗藏「業者密碼」。

「騰」它是代表「新竹地區專用」的意思。「天月德」是正錫箔，「天成」、「天月」、「天慶」、「天德」是鋁箔。業者陳貴彬說：「以前照行規蓋印，現在不管天月德或天成都是機器轉印之錫箔。」至於店章，如「本舖自造各色花金頂上紙料批發零售四方貴客承蒙惠顧」，既說明金銀紙的品質，又可兼作廣告。

◎成品打包或裝箱。

◎「運送」。
成品「運送」給客戶有三
種方式：託寄貨運公司、
自己運送，也有專門金銀
紙運送車可代客搬運。

　　以上介紹的是傳統純手工製作〈壽金〉、〈刈金〉、
〈福金〉、〈銀紙〉的方法及過程。
　　〈紙錢〉的製作較爲單純，以印刷機將圖案印在紙
上，經過裁切即爲成品。

圖解手工製造大百壽金的方法

　　台灣北部人稱頂極，南部人稱太極的〈大百壽金〉以及〈天金〉等滿面錫箔的大張金紙，現在都是全面機器化製造，就連大陸也是改成印刷方式生產，再也看不到手工製造〈大百壽金〉的景況。

◎「裁紙」。
大百壽金製造初始是將毛邊紙及連仔紙裁切所需尺寸， 1尺3、1尺1、1尺及9寸是常見的規格，接下來椯錫箔。

◎「椯大箔仔」。

是以破布子樹皮連結為「大椯紙笐」，椯滿面錫箔的大張金紙，不是每個師傅都能作得完美。筆者親姑姑張秀英，她從七歲至七十三歲累積出一身椯紙好工夫，是椯滿面錫箔的高手之一。她說椯大箔仔講究的是錫箔的四個角不能缺損，還要裱在紙的正中央。已經椯好錫箔的金紙，一小疊一小疊掛起來曝乾，才不會相黏。

◎「漆金藥」。

曝乾後的金紙要「漆金藥」，圖中就是被金油替代、現已罕見的以金藥漆錫箔。

◎「曝紙」。

漆金藥之後要「曝紙」，就因為這是頂極，代表它尊貴至極，因此曝紙時不能直接放在地上，要囥在長5尺8寸、寬1尺7寸的竹篾上。

◇彩印

台南榮芳紙莊出品的彩色〈財子壽〉（使用於燈座為糊紙材料，彰化、雲林地區單獨使用時稱為敬神紙，補運、解厄後焚燒），就是分版、分色的彩色套印，是將水性的顏色，逐色刷在每一塊板上。木板水印這種精密的印刷技術，早在明代後期就出現了此技法，是中國彩色雕板印刷技術的最高成就。

手工彩色拓印時，先把紙固定，第一色通常選最淺的顏色印上，再換版印第二色、第三色，如此類推。這種做法，可在紙上印上豐富的顏色，常見的使用顏料有大紅（蘇木）、桔黃（黃丹）、銘黃（槐花）、天藍（佛青）和黑色（竹煙）等，直接刷印在竹製紙上。

◎「抿面仔」

此圖為第一道手續「上墨」。

手工「抿面仔」早在1970年就被平版印紙機所取代，其過程是先將印版清潔後，泡水一小時，然後再陰乾半小時，使印版含水呈飽和最佳使用狀態，再以棕抿仔沾紅藥均勻地上墨在印版上。

第二道手續「囥紙」，就是將漆過金藥、曝紙之後的金紙平整放在印版上。它的要領就是一次必須完成，不能有多餘的移動，才不會使圖案跑出沒必要的線條。

第三道手續「抿紙」。以菜瓜布力道平整地刷紙，將圖案刷印於金紙上。用力抿紙金紙會破損，力道太輕又會印不清楚，抿太久則會產生熱能造成紙張沾黏。所以仔細端詳手工抿面仔，可以看到不同力道造成每張成品都是不一樣的驚喜。

第四道手續「掀紙」，跟抿紙的功夫都是「一體入用」，也就是說必須憑經驗、感覺體會適當時機來臨後就快速掀紙，掀起時不能疑惑，一次完成。

◎「蓋印」。
〈大百壽金〉的內層紙之錫箔通常比「面仔紙」小許多，因此，內層紙亦有業者以蓋印的方式製作。師傅坐下來手持印模蓋一張、翻紙一張地蓋印在金紙上。

◎「鑽孔」。
是在蓋印之後將紙收集成疊，然後在角落的地方鑽孔，以鹹草固定一邊，再將紙移至戶外，散成紙花曝曬，使蓋印的部份乾燥。曝紙後還要「打邊印」。

◎「當紙栓」。
是一種適用於〈大百壽金〉的固定方式，俗稱為「當栓仔」。在金紙鑽孔的地方塞入紙栓作為固定，通常是四張頂極大百壽金之內層紙加一張面仔紙，使五張為一小疊，釘入一支粉紅色紙栓。

◎「綁只仔」。
這裡的「綁只仔」不是用鹹草，而是將〈大百壽金〉摺三疊用紅紙圈固定，每25、50、75或100張的〈大百壽金〉用紅紙圈捆綁，業者稱「框紅紙圈」。

　　台灣金銀紙加工業幾乎已是全面機器化製造，就連大陸也是採取印刷方式生產。竹南鎮中港地區還有幾家業者標榜手工製造金銀紙，指的是人工褙錫箔。現在機器還無法作到貼正錫箔，但「印面仔」已經可由機械代勞。人工褙錫箔的金銀紙價格，雖比機器印箔貴三倍之多，但其「真正錫箔」訴求已經越來越獲重視，市場需求有明顯增加的趨勢。

三、現今製作方式

金銀紙加工機器

　　現今製作方式，首先就可以從原料的取得上可看出改變。以前是以卡車運來南部紙廠的原紙，現在則是由貨櫃載運，而從貨櫃卸下來的，不全然是原紙，也有直接從國外進口的半成品或成品。這些半成品是已經印刷錫箔而已，尚未裁切、蓋邊印與綑綁成疊的紙料，再由本地業者進行後段成品加工。

　　就製作流程上來看，一切仍大致不變，只是今日普遍使用機器代替人工。也就是說，不論是由最初的原紙開始製作或半成品的加工，皆是使用機器加工。舉凡裁切、刨光、印錫箔、印面仔、綁只仔、當紙栓、打印、打包、裝箱，幾乎每個手續現在都有機器可供使用。為了節省成本追求效益，因應人工昂貴問題，大部份的製作已經改用機器。仍維持傳統手工「褙錫箔」的只有少數，雇用的亦多為家庭主婦或老人。

圖解各種加工機器的應用

◎「**裁紙機**」取代傳統的斬紙方式。
1959年中港接成金紙店從羅東引進第一台裁紙機，業者省了不少力，但只能裁切分割，不能修邊，所以仍另外需要使用刨光的機器。如上圖的機型已經進步到採取精密微電腦控制裁切，不僅能更精密準確地裁切，也可以修邊，使它的切面平整，之後不需要再刨光。

◎「**磨刀機**」
將裁紙機的刀具打磨使其銳利，通常每週要磨刀一次，才能讓刀具銳利而使紙張切口平整。

◎雖然靠著機器裁切可以讓切口平整不需刨光，不過有些業者為求品質更精緻、手感更佳，仍使用「磨紙機」來加以修飾。將金銀紙置於長型的磨紙機器之工作台上，靠著機械的挪移磨整將整列的金銀紙修整刨光，同時還可自動吸塵。磨紙機器始自於1969年，現已全面淘汰。

◎約自1969年開始有「油壓切高錢機」，專門製作〈高錢〉。高錢又稱長錢，呈黃色條狀，中間還有數條波浪狀切口，是使用油壓高錢機切開，以製造懸掛起來的層次。撕得好的高錢，掛起來形似燈籠非常莊嚴。

◎1970年「鋁箔印刷機」問世，具有貼鋁箔與印刷同步的功能，可以製造〈壽金〉、〈刈金〉、〈四方金〉、〈銀紙〉。

◎1970年有業者引進印刷廠的「平版印刷機」，加入金銀紙印刷加工行列。這是專印正面圖案的印刷機器，一張張漆好金油的正錫箔紙通過機器印刷，就印上了美觀又清晰的圖案，從此就取代昔時手工「抿面仔」。

◎1976年起，有各式半自動化「點撞式熱能轉印機」。此時，金銀紙產業正逢大家樂簽賭風潮影響推向生產高峰。這種以熱能將色帶的真空金、銀粉轉印至竹紙上的機器，省下人工梢箔仔手續。也因為使用轉印的技術製作，所以不需再曝紙，直接就可以進行下一步驟。

◎1976年「滾筒油墨印刷機」是以油墨印刷方式在紙上印出類似錫箔樣，化學油墨可以調色，印金色或銀色於紙上，不限定紙質。

◎1997年有業者使用「打邊印機器」。金銀紙因種類不同而長、寬、高大小不一定，所以雖有好幾種式樣的打邊印機器，但中港業者還是認為手工打邊印既快又方便。

◎1978年「滾筒整頁轉印機」，可以自動送紙轉印，以熱能將色帶的真空金、銀粉整頁轉印至竹紙上，但需要人工配合撿紙。通常一人可操作三台機器。

◎「印鈔機」有單色與彩色兩種印刷機。

◎「自動庫錢機」可以從整捲單純的紙張連貫作業加工，進行印刷、切曲線痕、打包、圈紅紙、加面仔紙一次完成。

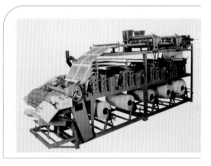

◎早期的機器很簡單，都是單一功能。印錫箔需要一台機器，蓋印又需要另外一台專用的機器。2001年開始有「全自動化加工機器」，其功能包含貼鋁箔、印刷、分紙（如圖：四張內層、一張面仔紙）、整理紙張、打邊印、裁切、打包、輸送等，形成一套連貫加工作業系統。

　　金銀紙的美觀與價格關鍵在錫箔，因此業者努力思索錫箔在加工機器上的變革，希望將錫箔處理成金金亮亮而且可達成快速量產的目標。1997年開始有業者採用燙金來替代，此方法需先製作圖案鋅板，再以熱能將金箔燙金至模造紙上。

　　二○○一年有新產品，以真空蒸鍍紙印刷成金銀紙。真空蒸鍍則是指不以電解還原方式，在物體上鍍一層膜。簡單的講，是將鋁高溫融化蒸發成氣體狀，以蒸發方式附

著於模造紙上，成為真空蒸鍍紙，然後經過彩色印刷成金銀紙。目前已研發成功到真空蒸鍍紙不限定紙質，並且可以使用水性顏料印刷，業者林啓崇稱這是環保的金銀紙。

二○○五年台灣第一台申請專利的機器貼錫箔，又稱「冷燙」，雖然在本書截稿之前機器尚未量產，但其試車成品精良，與手工褙錫箔的差異一般人不容易辨識出來，這是金銀紙業的一大突破。機器貼錫箔原理，是與手工褙錫箔一樣，將錫箔裱糊貼在紙上，可以在不同的紙張快速作業。但終究是機器貼的錫箔，與手工裱褙錫箔的材質還是不一樣。

四、金色中港
——金銀紙的製造重鎮：竹南鎮中港

中港的變遷

中港，是一個舊時商港。名稱由來有三說：（一）是道卡斯族之部落「馬卡留武」社的譯名；（二）因為介於淡水港與鹿仔港之間而得名；（三）作為台灣北部西海岸之海防制度的中心分界線，所以稱為「中港」。

根據《竹南鎮志》記述，中港在清代時已是重要港市：

> 曹永和在《台灣早期歷史研究》中推論，最遲在明萬曆初年，即有漢人與原住民來往，進行漁獵交易或墾荒，甚至可能已有漢人的聚落發展。最早有明確文獻記錄，則是明沈光文的《台灣輿圖考》中所列「中港仔」地名，其年代可追溯到公元1652年。漢人開發是在1711年，由漳州人張徽揚開墾海口、公館仔及鹽館前一帶。且此時清廷已在港口「設中港塘，置目兵十名」，以維護安全，可見得經過長期發展，中港已是很重要的港市。清末民初的交通以海運為主，居民多以耕作、捕魚維生，當時人口大部分居住於臨近海邊的中港，結集成市，與福建、廣東等地貿易熱絡，移民漸多，商業興盛，人文薈萃，當時是相當繁榮 (頁36〜37)。

繁華的中港，在過去行政隸屬於新竹州，是三級港口可以與唐山通行，1902年縱貫鐵路舖設完成，站名為「中港驛」。中港市區到火車站一點五公里，有接駁的「輕便車」。火車站附近住家僅二十餘戶，當時尚稱「三角店」。

1920年站名改為「竹南驛」，1922年由竹南分歧之鐵路海岸線通車，成為鐵路山、海線交會點，交通更為暢達。由於港口淤積嚴重，再加上光復後行政區劃分為苗栗縣竹南鎮，「竹南驛」改為「竹南火車站」。從此，商業重心漸向北移至今之竹南市區，1976年起中港的行郊只剩下二間布莊、二間華洋百貨與零星的商店，其餘的均是金銀紙加工業。

老師傅葉武南拿的是葉益源出品〈正滿面天金〉

民國二十一年中港繁華時的老街，現今迎薰路與中正路口。（黃玉山提供）

國家第三級古蹟中港慈裕宮

中港金銀紙

竹南鎮中港地區，可說是近代金銀紙產業的代表。在全盛時期，滿街金銀紙花的興隆景況，曾有「金色中港」的美名。

根據老師傅葉武南口述，民國前，中港金銀紙的商店包括恒利、葉益源、慶興、成利、順發、益順、源泰、金泉利、三和、三華、瑞發、三井、豐泰、接成、錦興、源記等。其中恒利本店、三華行以進口、批發紙張為主業，並兼營加工製造金銀紙。

金銀紙產業聚集在竹南中港的原因，除了環境、氣候適合與利益共生之外，最大因素是日治時期「皇民化、寺廟整理」，使中港成為不能公開講的金銀紙製造特區。據業者陳坤輝口述，在寺廟整理期間，雖然嚴禁製造、販賣及使用金銀紙，但與日本人「有關係」的業者還是偷偷地做。由「日據時期苗栗縣金銀紙製造業概況」一表的整理，可看出日治時期自1931年開始宣導，1936年強制施行，到1940年之統計，竹南金銀紙產業並不因「皇民化」禁止製造而呈現衰退，反而是增加了製造家數。

順發出品的〈天尺金〉

恒利本店出品的九寸〈大百壽金〉

三華行出品的〈大百壽金〉

慶興出品的〈大百壽金〉

成利出品的〈天金〉

豐泰出品的〈福祿壽天金〉

日治時期苗栗縣金銀紙製造業概況表

單位：家 / 人 / 斤 / 圓

年代／地區		苗　栗	苑　裡	竹　南	頭　份	後　龍
1911 明治44年 民前一年	家數 職工 數量 價額	6 30 82,800 9,200		6 87 398,000 27,860		
1912 大正元年 民國元年	家數 職工 數量 價額	4 24 8,160 680		7 73 512,000 30,680		
1921 大正10年 民國10年	家數 職工 數量 價額	4 19 204,200 17,160		18　1 128 1,010,400 124,925	5 3 20,000 1,820	15 19,560 2,358
1922 大正11年 民國11年	家數 職工 數量 價額	3 14 126,000 13,440		21 145 1,711,200 38,900	13 25 11,480 1,370	15 16 40,700 3,200
1923 大正12年 民國12年	家數 職工 數量 價額	2 21 206,920 14,485		＊2 202 1,212,400 133,363		5 19 32,560 2,605
1924 大正13年 民國13年	家數 職工 數量 價額	2 17 102,225 15,200		＊3 124 1,944,400 291,660	1 2 2,520 537	4 6 108,500 13,182
1925 大正14年 民國14年	家數 職工 數量 價額	3 19 66,500 11,305	1 3 1,000 115	44 350 2,305,300 345,795		4 17 115,500 14,438
1927 昭和2年 民國16年	家數 職工 數量 價額	3 19 78,000 11,700		41 287 2,186,600 327,990		4 18 122,000 15,250
1928 昭和3年 民國17年	家數 職工 數量 價額	4 21 110,000 16,500		43 103 3,393,900 344,085	2 5 11,760 1,764	4 16 118,500 15,405
1929 昭和4年 民國18年	家數 職工 數量 價額	4 22 113,400 17,010		46 322 — 246,100	3 9 18,300 2,720	3 13 104,162 13,452

年代/地區		苗栗	苑裡	竹南	頭份	後龍
1930 昭和5年 民國19年	家數 職工 數量 價額	4 22 83,600 10,032		48 298 2,701,450 229,623	3 9 16,600 1,494	4 22 83,600 10,032
1931 昭和6年 民國20年	家數 職工 數量 價額	5 19 153,900 12,280		47 188 2,451,040 205,888	3 8 2,700 1,656	3 9 83,369 6,254
1932 昭和7年 民國21年	家數 職工 數量 價額	6 20 147,496 12,095		50 312 121,580 2,171,070	3 7 1,290 21,500	2 7 3,674 5,057
1933 昭和8年 民國22年	家數 職工 數量 價額	5 15 112,600 9,008		45 305 1,969,950 161,521	3 7 25,010 2,001	2 8 62,860 4,916
1934 昭和9年 民國23年	家數 職工 數量 價額	5 14 99,390 5,953		45 347 1,745,300 148,352	3 8 26,000 2,080	2 8 73,420 3,617
1935 昭和10年 民國24年	家數 職工 數量 價額	4 12 84,796 5,511		46 367 1,878,240 160,010	3 10 20,600 1,854	2 8 51,850 4,044
1936 昭和11年 民國25年	家數 職工 數量 價額	3 10 3,564 579		43 338 696,637 150,106	2 4 114,800 2,480	2 9 32,000 4,160
1937 昭和12年 民國26年	家數 職工 數量 價額	3 7 35,420 4,250		43 202 418,686 107,184		2 7 26,320 6,738
1938 昭和13年 民國27年	家數 職工 數量 價額	1 3 6,000 *20		32 248 552,000 135,720		
1939 昭和14年 民國28年	家數 職工 數量 價額	1 2 7,200 1,200		36 174 368,322 107,214		
1940 昭和15年 民國29年	家數 職工 數量 價額	1 2 8,000 1,500		60 249 1,040,400 132,721		

△表中＊記號為數據資料與前後相距甚遠者。

△引用自吳奐儀論文，頁76，原始資料來源：《苗栗縣志卷四經濟志第三篇工業／金銀紙（日據時期統計書）》。資料為民國前一年、元年、十年至民國廿九年，但其中並無一九二六年的資料記載。

從數據來看，金銀紙的製造由1912年的七家，到1931年成長至四十七家，到了1940年業者已達六十家。以此來看，「皇民化」似乎讓金銀紙加工製造業在中港穩定成長，也使得中港逐漸發展成金銀紙的製造特區。

台灣光復後，皇民化運動的解禁是金銀紙發展的第一波高潮。

光復後，人民生活普遍窮困，對祈求神佛的庇佑也更殷勤，於是金銀紙大量被使用，加工製造業確實風光而爭相設廠。到了1959年，簡單型機械開始加入生產行列，醞釀著第二波興盛期的開展。

1966年，金銀紙外銷到國外市場後生意供不應求，這是金銀紙業第二波的興盛期。

台灣首位將金銀紙外銷至海外，以及到大陸設廠的業者「錦興紙箔廠」吳國興。吳先生是新竹高商畢業，當時是可以到銀行上班領高薪，在1952年時，他卻選擇了接手家傳事業。他以讀書人角度，認為光是在台灣產銷之金紙業銷路有限，因此，1966年開始由香港轉運行銷國外。最早用來行銷美國舊金山的產品是將長3尺寬2尺的錫箔裱在長3尺6寸、寬2尺6寸之純竹紙上，沒有圖案分金銀兩種，當做包裝、飾紙使用。因銷量不

第一位將金銀紙外銷至海外以及大陸設廠的業者吳國興

錦興老闆娘展示外銷美國的〈大百壽金〉

多，一年後就調整爲單張1尺3寸四方金紙，圖案有〈財子壽〉、〈玉兔搗藥〉、〈聖母瑪利亞〉、〈密宗佛經〉等，因受歡迎而量產，同時也賣到新加坡、汶萊、北波蘿州古晉、印尼、泰國、沙勞越、菲律賓、馬來西亞、香港、日本等國，從此打開台灣金銀紙外銷到國外市場的歷史新頁。

1967年，由中港九家金銀紙廠商合夥成立「久和神紙股份有限公司」，由英文非常流利且年長的鄒基山擔任董事長，其產品外銷範圍更寬廣。爲了品質管理，產品都加上負責人編號：1.鄭清水、2.蘇水發外號金水、3.葉維芹（後由其弟葉維藩接任）、4.李慶源、5.林木生、6.吳國興、7.林錦松、8.鄒基山、9.葉添爐，如有客戶對品質不滿意時，依編號追究責任。久和風光了十三年，因台灣國際外交困境，造成貨、幣輸送來往不方便影響營收，而於1980年結束營業。這些大股東們在合夥經營公司的同時，也擁有自己的紙加工廠，所以久和結束後，又回歸原本私人的兼營加工模式繼續內銷營運。

根據竹南鎮公所黃光武課長表示說：「1977年有登記的中港金銀紙製造工廠有三百八十五家，相當於竹南全鎮四分之一的人口以此爲主業或副業。」當時中港堪稱爲台灣金銀紙製造業最發達之地。

到了1981年工商業發達，生活環境大有改善。此時，第三波高峰是因爲大家樂簽賭風潮的帶動影響。

有「錦興」字樣的〈月兔搗藥金紙〉

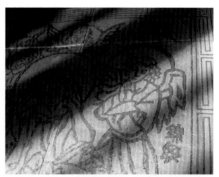

錦興出品的〈聖母瑪利亞金紙〉

有「台灣錦興」字樣的〈密宗佛經金紙〉

　　當時為了求發財，平常不愛燒金拜拜的人也拜得瘋狂！金銀紙是整卡車地燒，燒得面不改色。據業者陳坤輝表示：「有些散戶自己打電話來訂貨，一訂至少就是一卡車，甚至拿現金來排隊等貨。」那陣子樂迷們為了求明牌、為了發財，拚命地燒金銀紙，業者著實賺了不少錢。同時，中港這項傳統的產業也轉型自動機械化量產供應大量需求。如今雖有樂透彩，市售發財金充斥，但使用著較為理性，沒有給業者添太多的好業績。

現在金銀紙的需求量雖然還是蠻驚人，但中港金銀紙製造景況沒落了。主要原因是國內工資昂貴，製造成本增加，還有大型自動化工廠的競價壓力。另外環保意識抬頭，對於造紙過程的環保品質的要求，也是造成產業外移的主因，有心存續的業者紛紛出走至國外設廠或是另謀出路。

　　以竹南鎮中港地區的金銀紙加工業而言，其主要可分為兼營加工與專業代工製造兩種經營模式。專業代工製造的大廠瑞益、謙進、連泰等，從1994年移轉到印尼、泰國、越南或大陸。目前竹南大廠有嘉勤、寶興、寶正、有記、禾豐、義龍、玉記等行銷全台，都是屬兼營加工製造。兼營加工以陳協和金紙行為例，其歷經三代至今均以加工製造金銀紙並兼自行批發銷售，原先是以北部為主，如今也擴展至中南部、澎湖以及少數的零售。業者李秋福則屬專業代工，現在的翁坤山只承攬中港業者間的印刷專業代工而已。

　　清代的中港除了有港口貿易發達外，在光復初期就因為金銀紙業在此地的蓬勃發展而有金色中港的美稱。光復初期到1990年之間是金銀紙業的黃金年代，台灣光復後是第一波的發展高潮，其後海外市場的拓展是第二波的興盛階段，第三次盛起則是大家樂簽賭風潮的帶動影響，至此有特色的地方產業又面臨窘竟。現在金銀紙製造業所面臨的困境，主要是機械的加入代替了傳統的手工製作而引發

李秋福屬家庭式專業代工

有記是屬於大型的專業代工製造廠

翁坤山只承覽印刷的專業代工

兼營加工的陳協和金紙行

製程的原物料變革所致。除此之外，迫切需要調整就是寺
廟燒金設備的改善，全面使用環保金爐才可弭除現在面臨
污染空氣的危機，讓金銀紙的美意不至於變質。

〔卷3〕祈願的印記
——認識金、銀、紙

一、陰陽五行與金銀紙分類

　　1976年代末，當筆者還是個西點麵包師父時，就已經開始著手民間風俗採集研究與人生哲學命理服務，拜師與授徒至今近三十年。這幾十年來，探索研究「陰、陽、五行」，清楚「陰、陽、五行」可形成一套哲學思想體系，是宇宙生成的理論，從中又發展出指導人類行為的基本原理。從政治、宗教、倫理、乃至藝術等生活一切，沒有一項不與「陰、陽、五行」相關聯。從無極生太極，太極化兩儀，這「陰與陽」二氣的相互作用，為天地萬物生成的基礎。這種關係交互消長，陰極度增長就變為陽，陽極度擴張則變為陰，這樣的陰、陽交替，形成了宇宙間千變萬化的現象。

　　「五行」是指木、火、土、金、水之合稱，是以此五種元素，作為構成宇宙萬物相生、相剋及其無限變化之現象發生的基礎。「五行」在天上就形成木星、火星、土星、金星和水星，合稱五星；在地上就是木、火、土、金、水的五種自然化合物；延伸於人類，就是所謂仁、禮、信、義、智五種德性。

　　當天上的水星有了變化，就會連帶地上的水和人心的智能都產生影響，如此天、地、人三界交互影響，產生千變萬化。懂得「天、地、人三才五行」此理，可就以此為基礎，研判天地人間萬事變化之結果。在古代天文學中的應用來講，就是中國的占星術。

陳炳元《易鑰》記載：「古者包羲氏之王天下也，仰則觀象於天，俯則觀法於地，觀鳥獸之文與地之宜，近取諸身，遠取諸物，於是始作八卦，以通神明之德，以類萬物之情」。三皇朝代伏羲氏始創八卦，炎帝神農氏作連山易，黃帝公孫氏作歸藏易。行者所知，易窮則變，變則通，通則久，是以自天祐之，吉無不利，此乃「生生之謂易」從此流傳，至今的五術界皆知「五行是離不開陰陽」。中國的天文知識相當豐富，遠古就觀察到木星色屬青、火星色屬赤、土星色屬黃、金星色屬白、水星色屬黑，因而以此五色配木、火、土、金、水；當時就知以相生、相剋來觀測星象。五行配合陰、陽學說，對人類生活相當有貢獻。除此，亦可用「陰、陽、五行」來說明國家興衰的原因與結果。

今觀金銀紙敬奉之後，經由焚燒時的「氣能之煙炁」可上達十方法界，其「熱能之靈質」可補食靈界所需，再借由靈光達到子母淨光渡化靈體元神之功。其「氣能之煙炁」、「熱能之靈質」亦有「陰、陽、五行」之分，最終之靈因子也回歸本性而天人合一。因此，金銀紙之〈太極天金〉、〈大百壽金〉是屬「陽中之陽」；〈壽金〉屬「純陽」；〈福金〉、〈四方金〉、〈二五金〉與〈刈金〉同屬「陽中有陰」；〈銀紙〉是「純陰」；〈小銀〉屬「陰中之陰」；〈天錢〉、〈地錢〉、〈水錢〉與〈更衣〉屬「陰中有陽」；〈壽生緣錢〉屬「陽中有陰」。所以，

金銀紙因「陰、陽、五行」而分成三大類：

(一)「陽中之陽」、「陽中有陰」與「純陽」之「金紙類」，適用於敬天地、禮神佛、祀祖靈。

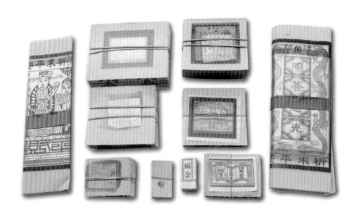

(二)「純陰」與「陰中之陰」的「銀紙類」，適用於祖靈、無祀孤魂、陰界陰靈等。

(三)「陰中有陽」與「陽中有陰」之「紙錢類」,法
　　師指派用於天、地、人間的諸神靈。

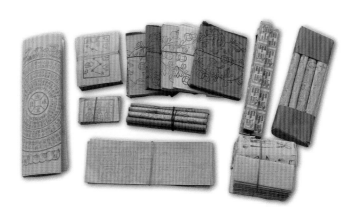

金銀紙分類、特徵、對象、用途簡表:

名　稱	特　　　　　徵	對　　　象	用　　　途
金紙類	錫箔漆金藥呈金黃色,正面或側邊蓋有紅印。	天地、神佛、祖靈	祭祀、奉獻、祈福求平安
銀紙類	沒漆金藥,保留錫箔原本的銀色外觀。	祖靈、陰界陰靈	祭祀、奉獻、求平安
紙錢類	不一定有錫箔,是以圖案印文來識別用途。	天、地、人間的諸神靈(法師指派用)	祭改儀式、趨吉避凶

二、金紙

名稱：金紙又稱「神紙」。

特徵：金紙褙有錫箔、漆金藥，正面或側邊大多蓋有紅印。

屬性：「陽中之陽」、「陽中有陰」與「純陽」三種。

對象：敬天地、三界中的諸神佛與祭祀祖先。

用途：祭祀、奉獻、祈福、求平安。

規格：金紙的錫箔分大箔、小箔、正箔、鋁箔、印箔。紙張以原紙長2尺6寸、寬1尺的開數計算。壽金將原紙分8開與12開兩種。刈金分8開、12開與16開三種。福金只有32開一種，這是北部常見的規格。但同是中港地區的8開、12開，其尺寸會因修邊時裁切而產生差異，在中南部的規格更是五花八門。因此，以下標示的尺寸皆以照片實物爲準。

〈古版刈金〉

屬「陽中有陰」。

長7.7、寬4.5、高1cm。

點銀漿、漆金藥。

　　台灣光復之前流通於新竹地區，現已罕見。

〈刈金〉

屬「陽中有陰」。

長15、寬12、高10cm，爲12開數的紙。

刈金形狀略呈長方，台語念ㄍㄨㄚ丶金，刈爲割取之意，通稱爲〈割金〉。褙有錫箔及漆金油，只蓋邊印。刈金是最原始的金紙，和銀紙互相呼應，恰似天地有陰陽。所有拜拜均要使用刈金，刈金搭配壽金適用於諸神佛。台灣中、北、東部都有使用刈金的習俗。

〈玖刈〉

屬「陽中有陰」。

長7.3、寬6.5、高1.5cm。

玖刈印有金箔，只蓋邊印。

雲林、嘉義、台南地區性金紙，通常搭配壽金使用。

〈九金〉

屬「陽中有陰」。

長9.2、寬7.5、高3cm。

印刷金箔，邊印蓋有「九金」字樣。

通行台灣中、南部以及東部地區，其用法與刈金相同。

〈四方金〉

屬「陽中有陰」。

長11.5、寬10、高7cm。

　　褙錫箔、漆金油及正面蓋「福祿壽」紅印，邊印則有「九金」字樣，因此也稱為〈九金〉。

　　通行台灣的中、南部以及東部地區，用法與刈金相同。

〈四方金〉

屬「陽中有陰」。

長10、寬7、高8cm。

　　貼有金鋁箔，只蓋邊印。

　　通行台灣中部以及東部地區，使用法與刈金相同。

〈四方金〉

屬「陽中有陰」。

長12、寬9、高1cm。

　　貼金鋁箔，正面蓋有四個方塊紅印。面仔紙上有印書卷型商標「四方金」、「一心奉敬」、「祈求平安」及葫蘆中有「價實」二字，並且有蓋邊印。通行台灣中部以及東部地區，用法與刈金相同。

〈二五金〉

屬「陽中有陰」。

長9.5、寬7.6、高1cm。

　　二五金印有金箔，正面不蓋印。粉紅色面仔紙上的商標印「大辦二五金」、「特選自造紙箔發兌」及葫蘆中有「正庄」與「貨眞價實」。 業者說：二五金的長或寬是2.5寸而命名，使用對象僅是敬奉祖先。通行台灣中、南、東部以及金門、馬祖、澎湖地區。

〈特大二五金〉

屬「陽中有陰」。

長12、寬11、高3cm。

　　褙錫箔及漆金油。平常僅是敬奉祖先；逢喪時，兒子燒銀，女兒使用二五金。

　　離島地區通行的金紙。

〈福金〉

屬「陽中有陰」。

長9.8、寬7.3、高3.8cm。

　　褙有錫箔及漆金油，只蓋邊印，上有一張面仔紙。看似刈金，以爲是同物，其實不然，因爲福金僅適用於山神、土地公。

　　此福金是台灣北部地區在使用。

〈福金〉

屬「陽中有陰」。

長7.3、寬7、高2cm。

　　印有金箔，正面與側邊不蓋
印，有一張「福金」的面仔紙。

　　此福金是台灣中、南部及東
部地區使用，僅適用於山神、土
地公。

〈壽金〉

屬「純陽」。

圖左長14.5、寬13、高10.5cm，爲北部錫箔壽金。

圖右長16.5、寬11、高10cm，爲南部鋁箔壽金。

　　無論是面仔紙或金紙本身，皆褙有錫箔、塗金油、蓋
正面印及邊印，正面圖案皆爲福祿壽三仙。壽金眾神佛皆適
用。

　　在北部地方，祭祖、清明掃墓、超渡法事時，男性兒
孫使用大銀，女性兒孫則使用壽金。

〈壽金〉

屬「純陽」。

長14、寬12.5、高4cm。

　　鋁箔的面仔紙印一「壽」字及回字紋花邊，內層紙印有金箔及正面圖案福祿壽三仙，側面蓋的邊印為「三童子」。

　　中部地區常用鋁箔，其原因為「神靈取一片金，無金不能顯化」。鋁箔不會被燒化，且能金光閃爍，這是民俗多元化的可愛之處。

◇福祿壽三仙

　　民間信仰中，福祿壽三仙指的是「福神」、「祿神」與「壽星」。

　　福神的本源是歲星，也就是五大行星的木星，俗信歲星照臨能賜福於民。另外一種說法是認為福神是三官信仰的「賜福天官」。還有一種說法是，唐代道州刺史陽城救百姓出水深火熱之中，因而被敬奉為福神。（《新唐書‧陽城傳》：「道州產侏儒，歲貢諸朝，陽城哀其生離，帝使求之。陽城奏曰：『民盡短，若以貢，不知何者可供？』自是罷，州人感之。」）

　　祿神來自星辰的自然崇拜。《史記‧天官書》說：「斗魁戴匡六星，曰文星宮。」這六星指的是：上將、次將、貴相、司命、司中、司祿。依此記載，文昌是第六顆星「司祿」，後來演變為人格化的祿神。傳說的祿神有三位，百子千孫的文王、送子神張仙，與唐代時期第一位開科狀元狄仁傑。民間信仰的大多數以文王、張仙為崇拜對象，但讀書人仍奉狄仁傑為祿神。壽星，民間對其信仰源於自然星宿崇拜。（《爾雅‧釋天》云：「壽星乃是角亢，角與亢是二十八星宿中東方蒼龍七宿的頭二宿。」郭璞註解曰：「壽星，數起角亢，列宿之長，故曰，壽」。）象徵壽星的代表人物為百福長壽的南極仙翁、看過三次黃河澄清日的八仙之一張果老，與活八百歲的彭祖都是壽星。

　　福祿壽是人生追求的大目標，以「福神」、「祿神」、「壽星」為隱寓想像，透過金紙焚化表達心中的祈求，希望能得到幸福、財富以及健康長壽。

〈大百金〉

屬「陽中之陽」。

長16、寬12.5、高4cm。

　　這是1970年台灣外銷的鋁箔壽金。
整疊都是用高級白毛邊紙，再手工褙鋁
箔，正面印是現在坊間常見到的「報恩
錢」圖案，用法與壽金相同。

〈補運金〉

屬「純陽」。

圖左長14.5、寬11、高2.5cm，

爲錫箔補運金。

圖右長14.5、寬9.5、高1.5cm，爲鋁箔補運金。

　　看似壽金，褙有錫箔、塗金油、正面圖案亦爲福祿壽
三仙，但補運金多了四道波浪形的切痕。

　　在南部與金門地區以此期盼補運。

〈報恩錢〉

屬「陽中之陽」。

圖左長14、寬9、高22cm，爲新竹
地區的報恩錢。

圖右長14、寬9、高11cm，爲北部
地區的報恩錢。

用以報答神明的恩賜。但因台語音誤，以為是補運錢，積非成是的結果，現已被用於補運。

◇報恩錢

　　報恩錢的式樣因地域性的不同而有差異。面仔紙上大部分都有吉祥圖案，中南部地區的報恩錢上印有「叩答恩光」的字樣。正統的報恩錢是一包內有十二張壽金，十疊成一單位，俗稱有一百二十萬的面額。

　　報恩錢類似現實社會的紅包，完全包住具隱密意義，焚化時亦是整疊奉獻。北部地區經常加一張〈新重正道德解連全部妙經〉作為解厄消災，冤家從此不牽纏的附加功能。報恩錢的閩南語念法聽起來很像「補運錢」，故長久以來以訛傳訛，就被以為真的就叫補運錢。

〈大百壽金〉

屬「陽中之陽」。

長37、寬33.5cm。

　　台灣北部地區稱頂極、南部地區稱太極的大百壽金，上面印有財、子、壽的圖案。因所褙的錫箔較為大張，所以可解釋為大面額的壽金，各階層神明皆適用。

〈頂極天金〉

屬「陽中之陽」。

長37、寬33.5、高3cm。

　　台灣北部地區稱頂極天金、南部地區稱太極天金。褙大張錫箔、漆金油，上面印有雙龍搶珠及「叩答恩光」四

個大字，下方則落款「祈求平安」。用以表示信徒的誠心叩首，感謝神恩並希望合家平安。天金使用於玉皇上帝、三官大帝或上界神佛。

頂極天金的外表類似大百壽金，常被混淆。最好的辨別方式是：大百壽金上印的是福祿壽三仙圖案，頂極天金則印「叩答恩光」。

〈福祿壽天金〉

屬「陽中之陽」。

長26、寬24.5、高1cm。

貼有金鋁箔，正面長條形圖案為福祿壽三仙，兩旁各一天官為記。金鋁箔上整面釘滿釘孔，在新竹地區稱為〈天公金〉，以此向「天公」祈求平安。

〈福祿天金〉

屬「陽中之陽」。

長20.5、寬18.5、高1cm。

貼金鋁箔，印有「叩答恩光」、「祈求平安」、「福祿天金」及回字花紋，並有葫蘆型的釘孔圖案，隱約可見「金」字。葫蘆寓為福祿。屬於中、南部地區的〈天公金〉，也稱為〈元旦〉。

〈滿面天金〉

屬「陽中之陽」。

長25、寬24、高0.5cm。

　　貼有金鋁箔，在中、南部地區也稱為〈盆金〉。上面印有雙龍搶珠及「叩答恩光」四個大字，下方則落款「祈求平安」，並有葫蘆型的釘孔圖案，其中也釘有「金」字。

〈天金〉

屬「純陽」。

長19.5、寬14、高11.5cm。

　　面仔紙與內層紙貼金鋁箔並印有封誥型圖案及「天金」二字，綑綁時用紅紙帶固定。

　　屬於中、南部地區的金紙。

〈尺金〉

屬「純陽」。

長19.5、寬14、高11.5cm。

　　面仔紙與內層紙貼金鋁箔並印有封誥型圖案及「尺金」二字，常配合〈天金〉使用。

〈五色金〉

頂極天金、大百壽金、壽金、刈金、福金五種金紙的總
稱。

　　敬獻於天界的所有神佛，舉凡禮祀玉皇大帝、三官大
帝、觀音菩薩、天上聖母、關聖帝君、玄天上帝及結婚禮
數等，都可以使用〈五色金〉。

　　〈五色金〉又分為大五路，包括大百壽金、頂極天
金、尺金、壽金、刈金；〈小五色〉或稱小五路，包括壽
金、二五金、銀紙、更衣、白錢。

〈四色金〉是大百壽金、壽金、刈金、福金四種金紙的總
　　　　　稱。是獻給天界的神佛與兵將，及通陰陽界的
　　　　　神明，如地藏王菩薩、土地公及普渡公。

〈三色金〉則是去掉四色金中的大百壽金，留下的壽金、
　　　　　福金、刈金，就是三色金。獻祀於一般神佛或
　　　　　執行神佛命令的兵將，如巡營、犒軍、作迓
　　　　　等。

〈環保壽金〉

屬「純陽」。

長13、寬11.2、高0.5cm。

環保壽金是傳統壽金的面仔紙，整疊都是高級白毛邊紙，用法與傳統壽金相同，但其價值較高，用量可以減少。

〈環保刈金〉

屬「陽中有陰」。

長16.3、寬12.5、高1cm。

環保刈金是由傳統刈金的面仔紙製成，用法與刈金相同，其錫箔較大，可以減少使用量。

〈五路財神爺金〉

屬「純陽」。

長21.7、寬19.5、高5.2cm。

厚實外框配元寶連續花紋，貼金鋁箔的地方印財神爺像右手持如意、左手捧金元寶，象徵財富滿盈。

業者梁政治表示：「五路財神爺金是領授『天公』懿旨，而且獲內政部著作權專利，此金紙能招財進寶。」

〈註生娘娘〉

屬「陽中有陰」。

長17.5、寬16、高3cm。

　　註生娘娘在民間相傳是臨水夫人與金花娘娘。「授子神」註生娘娘俗稱「註生媽」，司掌懷孕、生產之養育之神。民間婦女深信註生娘娘操縱生命的開始、成長與凋零，為懷孕、生產、婚而不孕及孕而保胎之婦女所奉祀的對象，因此深受崇拜，以祈求生育的順利平安。

　　座前常附祀「十二婆姐」各抱一嬰兒，六好六壞以示生男育女，均憑平常生活態度善或惡而定子女賢與不肖。

〈地基主金〉

屬「陽中有陰」。

長18、寬16、高3cm。

　　地基主是居家陽宅的守護神，在台灣相傳為感念平埔族先人而祭拜之。

　　業者陳榮昌說：「使用地基主金，地正氣旺，基本安康。主顯財豐，金玉滿堂。」

〈天妃媽祖救渡金〉

屬「純陽」。

長22、寬19.6、高5cm。

　　在台灣不只有世界三大宗教盛會之一的三月「肖媽祖」，同時也保留不少祭拜媽祖的傳統。業者曾乾德感謝武當山掌門道長王光德面授金紙祭拜法，不敢藏私而公開此〈天妃媽祖救渡金〉，並獲商標註冊專利權。

〈觀世音菩薩金〉

屬「純陽」。

長21.3、寬20.8、高3.5cm。

　　業者梁政治表示：「此金紙是授觀世音菩薩懿旨，獲中央標準局專利，使用此金紙能得觀世降世渡眾生，菩薩救苦轉運來。」

◇觀世音菩薩

　　觀世音菩薩，意思是觀聽世間一切的聲音。菩薩的定義是要具備「慈、悲、喜、捨」四無量心，任何人能達到這個定義就是菩薩。

〈福德正神〉

屬「陽中有陰」。

長33、寬29.6cm。

印刷金箔。

　　土地公在普民的心目中永遠與「福」、「德」同在，給予人們可期待「福惠群生」的

希望感。此金是業者有記公司的巧思,希望使用者能「有財奕奕遠方來,記述巨財達三江。」

〈五路發財金〉

屬「陽中有陰」。

長23.2、寬20.8cm。

精裝的金紙系列。

　　業者陳榮昌表示說:「這是依據唐山紙馬系列中的神祇典故衍生而來。」

〈八路轉運金〉

屬「陽中有陰」。

長23.2、寬20.8cm。

業者陳榮昌說：「八路轉運金是補財庫、求發財，四面八方財運轉，財路亨通金滿堂。」當然，信不信由您。

◇「八路」的意義

《封神演義》中敘述趙公明為「金龍如意正一龍虎玄壇真君」，統帥四位正神，專司迎祥納八路的說法有三種版本。第一種為八方位，正東、正西、正南、正北、東南、西南、東北、西北稱八路。第二種說法，進寶天尊、納珍天尊、招財使者、利市仙翁、天官財神、彌勒財神、錢袋財神、武官財神合稱八路財神。第三種版本，東、西、南、北、中五路再加天、地、人為八路。

〈貴人接引金〉

屬「陽中有陰」。

長22.2、寬19.8cm。

內裝一疊貴人接引金紙。

業者陳榮昌解說：「圖中所印十位都是人類夢寐想求的貴人，使用貴人接引金紙要寫疏文，附加在封底，先禱念再焚化。」

〈開運金〉

屬「陽中有陰」。

長23、寬20.8cm。

　　以福德正神爲想像財神，是反映了時代需求，景氣不好時，各式開運金、發財金便因應而生。

〈平安金〉

屬「純陽」。

長22.2、寬14.7、高1cm。

　　面仔紙印龍鳳祝壽圖並標示平安金，內層紙貼鋁箔，圖案爲福祿壽三仙，邊印則是「財子壽」。

　　是中部地區的鋁箔壽金。

〈魁星金〉

屬「純陽」。

長22.2、寬19.3、高3cm。

　　由於目前考試「多元」，常常讓考生及家長無所適從，〈魁星金〉讓考生增加信心。

　　業者曾乾德說：魁星金是武當山掌門道長王光德面授金紙祭法，而依法製造並獲商標專利權。使用魁星金需塡附件「祈求顯達科名上稟天聽疏文」。

屬「陽中有陰」。

長14、寬9.5、高12cm。

面仔紙與內層紙都貼金鋁箔與印蓮花圖案於正面，邊印為一朵蓮花與蓮花金字樣。

在北部地區常見信眾以此金祀神禮佛。在中、南、東部地方為出嫁女兒使用於祭祖，不管是親人往生辦法事的過程、忌日、清明掃墓或撿金拾骨時，都用蓮花金；這與北部地區的女性兒孫多使用壽金，用意相同。

〈補運金〉

屬「陽中有陰」。

真空蒸鍍的面仔紙長23.2、寬20.4cm，為其特色之一。

內層紙有貼5×4cm的金箔，面仔紙與內層紙正面圖案有「福祿壽三仙」、「改連真經」、「陰陽本命」三種結合為一個版面的補運金。

業者林啓崇表示：「以補運金向神佛祈求補運、消災解厄。」

三、銀紙

名稱：銀紙又稱「冥紙」。

特徵：銀紙都褙有錫箔，但不漆金藥。正面大多不蓋印，
側邊蓋有紅印。

屬性：「純陰」與「陰中之陰」二種。

對象：祭祀祖靈、鬼族、好兄弟與所有冥界兵將都適用。

用途：事死如事生的奉獻、求平安。

規格：銀紙的錫箔分大銀、小銀、正箔、鋁箔、印箔。北
部地區的銀紙是將原紙分12開與32開兩種，高度或
張數因價錢而不一定。在中南部常見的是大銀、小
銀、大透銀、二透銀、四方銀等。以下標示的尺寸
皆以照片實物爲準。

〈古版銀紙〉

屬「純陰」。

長7.5、寬2.8、高2cm。

　　點銀漿的銀紙又稱「紙頭仔」，台灣光復之前流通於
新竹地區，現爲罕見。

　　除了使用於祭祖與冥
界鬼族外，漁民出海時與
古版刈金同撒於海中，可
以滿載而歸。

〈銀紙〉

屬「純陰」。

長8.7、寬7.3、高3.8cm。

　褙5.2×4.8cm正錫箔，不漆金藥，只蓋邊印，這是台灣通用的銀紙。

　銀紙不是紙張大就是大銀，是以錫箔的大小而區分，使用對象不同。

　大銀使用於祖靈及入殮用。入殮時，用白布包裹一大疊大銀，作爲往生者的枕頭。小銀使用於冥府鬼差、好兄弟，常常在險彎路或橋頭可見有人撒銀紙，求「好兄弟」不要捉弄，讓來往車輛行車平安。

　銀紙搭配壽金、刈金拜祭祖先，有金有銀象徵「金銀滿廳堂」。另有說法是，住家屬陽宅，祖先已是做神爲仙的「法身靈」，除非帶「孝」舉喪，平常祭祖不燒銀紙。但無論使用大、小銀，於之前其後都要燒刈金或福金給帶路土地公。

〈大銀〉

屬「純陰」。

長18、寬13、高1cm。

　面仔紙與內層紙有褙錫箔，只蓋邊印。

　爲北部地區的銀紙。

〈大透銀〉

屬「純陰」。

長8.8、寬3.7、高18cm。

　　面仔紙與內層紙貼有鋁箔，側邊
蓋以紅色「正庄大銀」字樣與地官圖
案。是中、南、東部地區的銀紙。

〈二透銀〉

屬「純陰」。

長7.5、寬6.5、高6.5cm。

　　面仔紙與內層紙貼有鋁箔，側
邊蓋以紅色「正庄大銀」字樣與地
官圖案。是台灣中、南、東部地區
的銀紙。

〈小銀〉

屬「陰中之陰」。

長9.5、寬7、高9cm。

　　紙張與錫箔皆比大銀小，
表示面額較低。側邊蓋印。

　　台灣通用的銀紙。

〈四方銀〉

屬「純陰」。

長11.3、寬10、高7cm。

面仔紙褙正錫箔並印
有福祿壽、上庄字樣,內層
紙也有裱正錫箔,邊印蓋
「吧坪圖案」。四方銀亦稱爲
〈九銀〉、〈吧坪〉,爲中、
南、東部地區的銀紙。

〈蓮花銀〉

屬「純陰」。

長14、寬9.5、高12cm。

面仔紙與內層紙都貼鋁箔與印蓮花圖案於正面,邊印
有蓮花銀字樣。在北部地區民眾以此蓮花銀祭祀祖先或陰
界神靈。中、南、東部地區爲出嫁孫女使用於祭祖、往生
辦法事的過程、忌日、撿
金拾骨或清明掃墓,都用
蓮花銀。

〈環保銀紙〉

屬「純陰」。

長8.2、寬6.5、高1cm。

　　環保銀紙是由傳統銀紙
的面仔紙製成，整疊都是高
級白毛邊紙，褙有正錫箔，
有蓋邊印，捆綁時用紅紙帶固定。

　　環保銀紙立意與環保金紙相同，都是基於「燒金不燒
紙」的理念。因錫箔大代表價值高，用量可以斟酌減量。

〈圓寶銀〉

屬「純陰」。

長18、寬8.5cm。

　　一包內有十六張眞空蒸鍍的圓寶銀。

　　業者李守雄表示說：「圓寶銀是愼終追遠、極盡孝心
之意。整面銀，屬大銀紙錢。中心銀圓寶代表富裕、價值
及無國界限制。銀粉不易脫落，好焚化。」

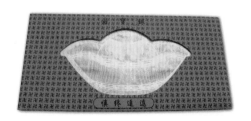

四、紙錢

名稱：紙錢又稱「準金銀紙」。

特徵：紙錢較為繁複，有貼金裱銀的紙錢，也有無圖案的單純紙張，所以不具金紙銀紙形制，屬不特定用法的紙帛。總之，不一定有錫箔，大多以圖案、印文來識別。

屬性：「陰中有陽」與「陽中有陰」兩種。

對象：天、地、人間的諸神靈。

用途：大部份是和尚、尼姑、道士、乩童等法師指派，使用於祭改儀式、安壇放兵、化煞息災、超拔祖先、超渡法事、替身受過、趨吉避凶等包羅萬象的用途。

規格：以照片實物的尺寸為準。

　　將紙錢歸納整理，列出有以下十六種：

（一）經咒的紙錢

〈壽生緣錢〉

屬「陽中有陰」。

長24.8、寬24.4cm。

　　為天、地、人間諸神佛通用的神紙，中間印「壽生緣錢」，周旁

印著壽生咒文。四個角落上有「福祿延壽」及在四周印蓮花、蓮葉、桃葉與壽桃等圖案。

　　壽生緣錢使用於神明壽誕或是用來與神佛結緣，也有人用來還冥債當庫錢使用及給亡者祝壽用的。

〈往生錢〉

屬「陰中有陽」。

長24.6、寬24.3cm。

　　中間印有「往生神咒」四字，周旁印著往生咒文：「南無阿彌多婆夜。哆他伽多夜。哆地夜他。阿彌利。都婆毗。阿彌利哆。悉耽婆毗。阿彌利哆。毗迦蘭帝。阿彌利哆。毗迦蘭多。伽彌膩。伽伽那。枳多迦利。梭哈。」此咒包含現世與來生的雙重期待，為佛陀的根本咒，是能拔一切業障根本得生淨土神咒的通行名稱。任何與「阿彌陀佛」有關的修持，都非常適用。

　　在排列成圓形咒文的四角印有「極樂世界」四字及蓮花圖案。

〈佛頂尊勝陀羅尼咒〉

屬「陽中有陰」。

長18、寬17.7cm。

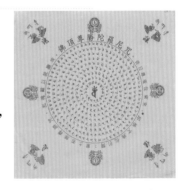

　　這是概括一切如來祕要的總持法門咒，吉祥善淨並具有破除三惡道罪苦的神咒。

（二）替身系列

〈人形替身〉

屬「陽中有陰」。

最早的替身是用草紮成或用金紙畫、剪成「紙錢替身」。現今是用卡紙做成的男女身偶，形式有多種版本。

其用途是經由法師念咒施法，將人身上之厄運轉移到替身後與金銀紙一起燒化，讓厄運隨著替身而去，不再纏身。

〈十二生肖替身〉

屬「陰中有陽」。

其功用是確定改運者的「歲煞流殃」。

在民間解運作法事時，或過七星橋的時候，必須和人形替身一起持用。當法師念完咒語施法解運之後，與消災紙錢一起燒化，厄運即隨著替身而去，消逝在火燄中。

〈五鬼替身〉

屬「陽中有陰」。

　　五個形態各異的小鬼紙偶
製成一組替身。

　　施法制伏後與指派的紙錢
一起燒化，就代表五鬼已去，
不再纏身。

　　老人家常說：「好人叫不聽，壞鬼牽著走」，這壞鬼
就是指生活中的小人，此法象徵驅除五鬼纏身的小人。

（三）無印圖案文字的紙錢

〈掛紙〉

屬「陽中有陰」。

長20.5、寬6.7cm。

　　掛紙有黃色、白色、紅色、彩色，這是依各地習俗不
同而有差異。

　　又稱「壓墓紙」，使用於掃墓。先將一小疊掛紙壓在
后土碑上，次爲墓碑上
頭，其餘分佈於祖墳
上。這些掛紙象徵著屋
瓦，可說是具有裝飾、
整修作用，也象徵金錢
滿墳。

〈天德教往生錢〉

屬「陽中有陰」。

　　為天德教專用紙錢，沒有
任何圖樣，只是一張如手心大
的圓型紙。雖然叫做往生錢，
但可以使用於天德教徒敬神與
一切拜拜。

（四）法器、兵馬圖案的紙錢

〈甲馬〉

屬「陽中有陰」。

長12.7、寬6cm。

　　印有馬匹、馬鞍與盔甲、武器，有
的還加印兵卒。

　　甲馬使用於神明開光點眼，賦予法
力與兵馬供神將差遣辦事。

〈馬旗傘〉

屬「陽中有陰」。

　　早期是用手工拓印的五色旗、五色傘、五色馬一套共
有15張的「馬旗傘紙錢」。現在是用五色卡紙折成，五色
各代表一種方位。綠色為「東方木」，白色代表「西方
金」，紅色乃「南方火」，黑色是「北方水」，而黃色象徵

「中央土」。令旗呈三角狀，用彩紙與小竹棒製成。雲傘用印有雲紋的彩紙與小竹棒糊製。

使用時，於每隻馬的兩側，各插上一支令旗和一把雲傘。有趣的是，使用時還要附帶一束青草燒化，作為馬匹之糧草。也有以壽金、福金代替草束，表示貼現讓其自行打理糧食。

◇馬、旗、傘的象徵意義

馬、旗、傘各有其象徵意義。五方紙馬代表五路守護神照看五方，使出遊平安。令旗寓意「祈求」，另有發號施令、統率各方之意。雲傘則代表遮風避雨，出入平安的願望。有馬、有旗、有傘就代表了可以調兵遣將，邀集五路守護神，作為保安庇佑。

馬旗傘使用於犒軍、當兵、住院、安五營。入伍當兵、住院時的使用，在於希望平安而歸。還要記得燒壽金與福金感謝「土地公」護佑。

（五）懺悔、解冤的紙錢

〈改年經〉

屬「陽中有陰」。

長12.7、寬5.7cm。

印有太上靈寶大天尊，上緣橫印「改年經」。

由經文內容可知，虔誠懺悔可改流年不利之運。

〈禳災度厄經〉

屬「陽中有陰」。

長39、寬21.5cm。

為鬼谷祖師說禳災度厄真經，其經文重點在勸善、虔誠懺悔、解禳可脫身中災厄，最左畫有敕令平安符，以顯禳災度厄之功效。

（六）仿幣的紙錢

〈美鈔〉

屬「陽中有陰」。

長15.5、寬6.5cm。

這是仿貨幣的一種，具時代意義，想像全球化的通用貨幣，以眞實世界的美鈔爲藍本，給予往生者在冥國使用，可以四海遨遊。

〈新臺幣〉

屬「陽中有陰」。

長16.5、寬7.5cm。

新臺幣面值有一萬、伍千元、一仟、五百，也有印圓形的錢幣。

是仿眞實世界中的貨幣，其立意是讓祖先可以在冥界使用生前習慣用的新臺幣，這是出自陽世子孫的孝心。

（七）生活衣物的紙錢

〈更衣〉

屬「陰中有陽」。

長19、寬8cm。

　　傳統更衣印有上衣、褲裙、鞋襪、梳子、刀剪及盥洗用具。現代則加印上汽車、電視、冰箱，已經脫離「更衣」之原意。更衣有多種顏色，男女皆通用。

◇燒更衣

　　在家祭拜好兄弟稱為「私普」。假如是一桌，只需先燒十張更衣，其餘祭拜後全部焚化，作為好兄弟一年的更衣備份。使用時要適量，否則招來太多好兄弟，而準備的祭品不足以好好招待，就可能發生「吃不飽，不高興」的情形。所以，更衣是分兩次燒化。祭祖時也有人燒更衣，為的是給祖靈梳洗得清爽，穿得體面，來接受陽世子孫孝敬。廟會「公普」時，更衣數量由法師決定。

〈巾衣〉

屬「陰中有陽」。

長18.5、寬16.5cm。

　　業者標榜環保巾衣，用法與更衣相同。

（八）祈福、補庫的紙錢

〈天庫、地庫、水庫〉

屬「陽中有陰」。

長14.2、寬9、高0.5cm。

　　面仔紙內包的是小錫
箔的壽金或刈金。

　　〈天庫〉代表天官，
〈地庫〉代表地官，〈水府〉代表水官，使用於祈福、補
庫的紙錢。

〈天錢、地錢、水錢〉

屬「陰中有陽」。

長6.2、寬3、高1.1cm。

　　內容物為六道波浪切痕的粗紙。業者莊正男說：「二
十年前，只有一種稱為補運錢，在旗津等離島地區使用。
現在有三種象徵天官、地官、水官，與天庫、地庫、水庫
用法相同。」

〈天官賜福〉

屬「陽中有陰」。

長27.3、寬21.8cm。

　　常貼於燈座後方的配件，在中、南部與離島地區單獨使用於拜拜祈福。

（九）接神、送神的紙錢

〈送神紙〉

屬「陽中有陰」。

長26、寬13.6cm。

　　送神紙上印「合家平安」，其餘分成十二方格，有各方神佛、馬匹、轎夫與鑾轎等。

　　用途是當作神明來回天界凡間的交通工具。

〈神馬〉

屬「陰中有陽」。

長19.5、寬18cm。

　　分成六層，繪有各方神明、馬匹、鳳鑾、龍乘與一頂四抬大轎。這三種鑾轎顯示了天上三界神明等級不一，各有其適用的交通工具。

（十）庫錢系列

〈公庫錢與私庫錢〉

屬「陰中有陽」。

長19.2、寬14、高0.8cm。

入殮庫錢是用印有壽桃圖
案與「觀世音菩薩三寶印」的
面仔紙包著一疊紙錢。

在棺內放進入殮庫錢，除
了有習俗信仰上的意義之外，
據經營壽板（棺木）的業者表
示，這還有填滿棺內空隙，固定屍身的作用。因為是放在
棺內，所以俗稱「內庫錢」。

〈公庫錢〉用途是納入地府的「公庫」中，帶有「設籍」
的意味。也就是說必須繳納公庫，才能成為
「合法公民」，有錢可用，不致流落街頭。

〈私庫錢〉是給往生者私房錢、零用金之意。兩者使用時
是置入棺木內，而非焚燒用。

〈功德庫錢〉

屬「陽中有陰」。

長19、寬9.5、高0.5cm。

面仔紙為桃紅色，並印有文字與蓋印。整疊功德庫錢
上下還用兩條紅紙帶圈住，象徵吉祥。

功德庫錢可分爲〈公庫錢〉與〈私庫錢〉，用於作法事、超渡、燒厝時，由法師指派燒給往生者做功德，俗稱「外庫錢」。

〈公庫錢〉相傳人向庫官借錢投胎，往生歸陰後，就必須把錢繳還公庫，這筆錢就是功德庫錢。因不同生肖，投胎費用就有差別。除了肖馬、牛之人需繳八萬，其他生肖各爲四萬。庫錢除了繳給庫官之外，還包括挑擔腳伕的工錢以及補破雜費。總而言之，公庫錢之目的在於償還投胎前所欠，而且又因經過法師做功德，所以也等於爲將來種善果。

〈私庫錢〉是給往生者私房錢。

燒功德庫錢時，陽間的子孫必須手牽手圍成一個大圓圈，將火堆圍繞於其中，以示供自家先人享用，他魂不可搶。各地方的「內庫錢」、「外庫錢」形狀不一樣，但使用方法相似。

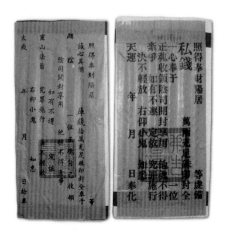

（十一）蓮花系列

〈福祿壽蓮花金〉

屬「陽中有陰」。

直徑20、高19cm。

1995年起福祿壽蓮花金，將禮儀形態推進新的藝境。除了直接拜拜使用外，最主要是提供會場裝飾，增加寺廟法場莊嚴，因組合使用方便備受歡迎。使用於初一、十五拜拜、祈福、賜平安、做醮、廟慶、謝神恩等皆適用。

專利發明人廖永森口述：「源起1994年受恩於台中市萬和宮聖母現靈啟示，發現心中、眼裡盡是蓮花所帶來的讚嘆及驚喜，真的是佛手化蓮花，滿天蓮花的極樂世界。再經兩週之後，有位一貫道的老道親往生，在為其手摺蓮花金時，當下感到一陣難過，因為一只蓮花金的完成是十分的困難，接著神奇的想法便在心中成型，那便是利用機器大量生產蓮花金。」

〈往生卍蓮花金〉

屬「陰中有陽」。

直徑20、高19cm。

　使用於超渡、往生、普渡等。

　廖永森先生引大慈大悲往生蓮花金之濟孤榜文：「大開方便門庭，脫免沉疾六起，脫離地獄苦海。普濟群生，引歸眞路，登極樂逍遙，往西方無礙。」並引述宜蘭天池宮大聖爺神尊附乩所出的詩句：「一錠金蓮花，幾卷往生錢。無邊妙法宣，無際天恩沐。冤孽盡消除，孤魂皆超生。願保我邦家，清平萬壽福。代代好子孫，世世出狀元」。

〈九色蓮花〉

屬「陰中有陽」。

　九色蓮花是用九種顏色的紙錢折成的九朵蓮花爲一組來使用，又稱「九品蓮花生」。

　往生神咒的九色蓮花使用於法事、超渡或祭祖。而壽生緣錢的九色蓮花則使用於廟會祭典、神誕等場合。

　修行者的七寶神樹在三山五嶽，八功德水在蓮花池，池中的蓮花映照彩虹通天串

地，每一朵蓮花代表了一個功德，其果實可分為九色，就是九品蓮華生。所以，用蓮花的色澤便可以分辨修持的成果。此蓮花是無形，亦無耳鼻舌身意，但有覺觸者知其身，身有四大造色，是為九色所成，三為多，九是無限。

（十一）神衣與生命樹

〈花公花婆錢〉

屬「陰中有陽」。

長9.3、寬6.3cm。

　　花公花婆守護小孩的生命樹，所以被視為小孩的守護神。舊時人們向花公花婆求早賜麟兒，現在用於小孩補運，照顧花叢，保佑兒童成長順利。

〈白猿錢〉

屬性：「陽中有陰」。

長9、寬6.4cm。

　　印有一隻白猿攀於樹上。因爲
猿猴好攀樹折花，難免會對生命樹
有所損傷，爲了使花叢避免損傷，
使其花葉茂盛、富有生氣，所以使
用之。

〈財神寶衣〉

屬性：「陽中有陰」。

長56、寬39cm。

　　爲目前最大張的紙錢，又稱爲〈天地雙庫〉。在一大
張紙上貼兩大張金鋁箔，各印有相同的龍鳳圖案且合抱著
「壽」的字樣。四角印有「財神寶衣」，上方印「祈求平
安」。右緣留有「信士○○歲○月○日○時生敬謝」，使用
時要塡寫清楚。信眾以天地雙庫
作爲神佛寶衣並盼添財添庫。

　　在台灣中、南部地區各廟
口或金香舖可常見。

〈鳥母衣〉

屬性：「陰中有陽」。

長6、寬4cm。

　　桃紅色的花紋紙包二張紙錢爲一份，九份成一疊，也稱爲〈娘母襖〉。花紋紙象徵衣料還附加紙錢，鳥母衣也被視爲小孩的補運錢。

（十三）鏤空圖案的紙錢

〈高錢〉

屬「陽中有陰」。

長48、寬19cm，每一疊18張。

　　常見的高錢有黃高錢、白高錢、五彩高錢、雙色高錢與單張高錢等樣式，以顏色來區分用途。黃高錢、五彩高錢使用於玉皇大帝、三官大帝。白高錢用於行喪時懸於門戶或陰事招安。

〈天燈金〉

屬「陽中有陰」。

長9.5、寬7.2、高0.8cm。

　　以刈金切割成鏤空的天燈金，沾油焚燒產生熱能，將天燈送達天際，求心中所願。

〈紙錢〉

屬「陰中有陽」。

長10、寬9.7cm。

　　鏤空圖案是仿整貫錢幣的紙錢，用於祖靈與陰界鬼神。

（十四）神靈護法的紙錢

〈陰陽寶金〉

屬「陽中有陰」。

長42、寬40cm。

　　離島地區往生專用的紙錢。因不知死者信仰，以孔子（儒）、觀音菩薩（釋）、酆都大帝（道）為護法的金紙錢。

〈陰陽寶銀〉

屬「陰中有陽」。

長39、寬36cm。

　　與〈陰陽寶金〉一起祭拜於往生者。

〈豬哥金〉

屬「陰中有陽」。

長17.5、寬16cm。

　　敬奉天蓬元帥以盼貴客滿門。

〈十二元子神君〉

屬「陰中有陽」。

長27.6、寬19.2cm。

　　以十二生肖延伸至元子神君的信仰，業者說這可消災解厄。

（十五）組合紙錢

〈陰府護照〉

　　又稱〈超跋護照〉。內容物有國際陰府護照、通關牒文、專用卡、過關金銀、五行造化滅罪救苦往生神咒等。紅頭法師曾乾德表示，金銀紙反映了時代需求，對逝去親友設想周全的「陰府護照」適用於陰靈、超跋祖先、嬰

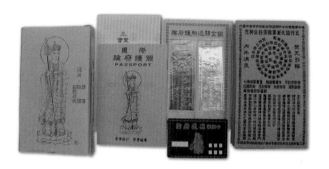

靈。獲經濟部智慧財產局，商標註冊專利許可。

〈叩謝神恩〉

　　業者林啟崇表示：「多種金紙的組合為叩謝神恩並祈
求平安。」

〈改運制煞平安〉

業者林榮松口述：「改運制煞前要先消災解厄，再補元神、補財庫。」

道長劉德和表示：「祭改、制煞的民俗儀式，乃源於十二元辰命宮與二十八宿合炁，以及歲值年令太歲相合、生尅順逆交氣、而產生的流殃、凶星更迭。在道家統稱為『歲煞流殃』。其年年自是不同，是以必須年年禳解，以趨吉避凶，廣沾吉祥。」

〈十方財氣發財金〉

業者邱吉常說：命為陰，運為陽，故言陰陽消長是為「天紀」。求財者是謂「陽法」當以「朱砂」催運聚人氣。人氣變化、主宰財運之通滯，納音對待，成透財六十龍與五子氣，中含廿四方差錯空亡，是財運通滯變化因素。

十方財氣發財金以花腳庫和合十方靈動（天官主事）與十二元神對應，用於求財。

〈燈座〉

　　各式樣之紙錢組合成以三個爲一組的燈座，擺設時由右到左分別是「一心誠敬」、「叩答恩光」、「祈求平安」。

　　燈座中間可裝其他金銀紙，因目的不同，所裝金銀紙也有差異。祭拜使用時一定要安置於供桌最高處，代表最高敬意。

　　使用於三官大帝，目的在於報恩或還願時，燈座內要裝入五色金。若用在消災解厄時，燈座內裝的則是「六甲」，分別是十二星君、甲馬、天官、總馬、陰陽錢、解運經，且一樣要插香，同樣也要立兩枝甘蔗。但須注意，此時應懸掛「白高錢」，因爲這是屬於陰事招安。

（十六）關煞的紙錢

〈改厄〉
屬「陰中有陽」。
長10.5、寬6cm。

〈本命〉
屬「陽中有陰」。
長10.5、寬6cm。

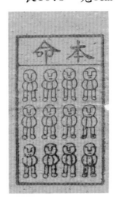

〈買命〉
屬「陽中有陰」。
長10.5、寬6.1cm。

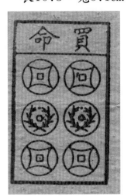

〈牛馬將軍〉
屬「陰中有陽」。
長10.5、寬6.2cm。

〈文武判錢〉
屬「陽中有陰」。
長9.5、寬7.8cm。

〈地府〉
屬「陰中有陽」。
長10.3、寬6cm。

〈閻王錢〉

屬「陰中有陽」。

長9.2、寬8cm。

〈山神土地〉

屬「陽中有陰」。

長9.2、寬8cm。

〈天官〉

屬「陽中有陰」。

長10.5、寬6cm。

〈地官〉

屬「陽中有陰」。

長9.8、寬7.2cm。

〈水官〉

屬「陰中有陽」。

長9.8、寬7.5cm。

〈斷橋錢〉

屬「陰中有陽」。

長9.6、寬8cm。

〈夫人〉

屬「陰中有陽」。

長10.5、寬6.4cm。

〈童子錢〉

屬「陽中有陰」。

長10.4、寬6cm。

〈十二婆姐〉

屬「陰中有陽」。

長9、寬8cm。

〈前世父母〉

屬「陰中有陽」。

長9、寬6.6cm。

〈太陽星君〉

屬「陽中有陰」。

長16.9、寬7.8cm。

〈太陰星君〉

屬「陰中有陽」。

長16.9、寬7.8cm。

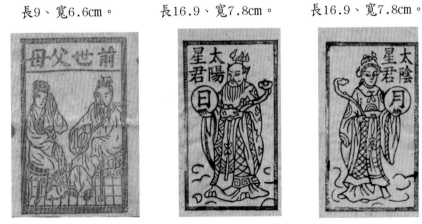

〈太歲〉
屬「陽中有陰」。
長13、寬9.8cm。

〈大二爺〉
屬「陰中有陽」。
長10.5、寬6.5cm。

〈車厄錢〉
屬「陰中有陽」。
長10.5、寬6.3cm。

〈將軍〉
屬「陽中有陰」。
長12.3、寬6.5cm。

〈六畜錢〉
屬「陽中有陰」。
長18、寬7cm。

〈流蝦〉
屬「陽中有陰」。
長10.3、寬6.2cm。

〈門頭戶定〉
屬「陽中有陰」。
長11.3、寬6cm。

〈五鬼錢〉
屬「陰中有陽」。
長9.8、寬7.5cm。

〈傘任錢〉
屬「陰中有陽」。
長9.2、寬6.5cm。

〈煞神〉
屬「陰中有陽」。
長10.5、寬6.5cm。

〈黃蜂尾蝶〉
屬「陰中有陽」。
長11、寬6.5cm。

〈過關〉
屬「陰中有陽」。
長9.2、寬8cm。

關煞的紙錢一紙百用，片語解說恐斷章取義，全憑法師指派。張懿仁表示：「在《金銀紙藝術》書中用途的解說太主觀，尤其關煞的紙錢會因俗而異，僅以所知爲記述並不客觀。讀者平常使用紙錢恐有後遺症，而且是使用者自擔後果，還是要請教正派法師才是正確。」

　　是的，即使燒了很多〈過關〉、〈改厄〉也不一定能解厄過關。譬如，燒了很多〈甲馬〉，而不懂佈兵遣將時，將會兵慌馬亂。紙錢是法師的祭改儀式需求再調派使用，是道士、尼姑、和尚、乩童、通靈者等法師才能擔負得起的責任，常民使用前要三思。

〔卷*4*〕典藏民間
——金銀紙的藝術

一、常民的生活圖譜

金銀紙之美在心靈的美好感受

金銀紙文化經過歷朝各代，傳承至今日，早已融入民間生活，成為中國人日夜祈願的心靈寄託。金銀紙的美是在於一種傳達心意的美，人們心中對於神明祖先的崇敬、祈願與祝福，藉由燒金旺火傳達；這樣的傳達，寓意深遠、情意深長，讓常民每一天都生活在美好的希望中，不由自主的快樂！

無論任何時地或婚喪喜慶，使用過金銀紙的人，都能感受身、心的溫暖，這是真真實實很通俗化的生活元素。金銀紙在台灣有十項全能之用途，其最終共同目的是「期待理想成真」。

普民燒金拜拜最終共同目的是「期待理想成真」

竹南鎮塯內德勝宮每月初一、十五在廟口「犒軍」。

中港慈裕宮端午節「祭江洗港」

　　一般金銀紙都會按照中國傳統的神話思維，加上普民豐富的想像力串聯，經過長期的歷史發展而形成以人為本，配以天地之間萬物的思考邏輯，交織著巫、醫、靈的信仰風俗，人間文化皆在其中，所以說金銀紙是常民生活圖譜，值得品味深嘗。

　　台灣人的生活，從正月初一至年尾有一百五十三個神明誕辰紀念日，加上每月的初一、十五的「犒軍」，初二、十六的「作迓」，以及平時到廟宇宮寺參拜時，這些日子總是缺不了金銀紙。民俗節慶元宵、清明、端午、七夕、中元、中秋、重陽、下元、冬至等，到了年底除夕要敬謝玉皇大帝，傍晚祭祖圍爐，如此年復一年。這些節日

中秋節拜田頭田尾土地公是「春祈秋報」，以竹子夾〈金紙〉為「土地公拐杖」，並備供品表示謝意。

冬至「謝平安戲」

不僅讓生活充實，也讓常民表達了對天地人的感恩心意；常民在這些日子皆以金銀紙作爲人與天地神靈溝通、奉獻與交流情感之物，並期待生活舒心。

金銀紙是老祖宗的生活智慧

有錢能使鬼，無事可通神！金銀紙在人類的生活中，佔有何其神通廣大的地位。就因爲它是如此好用，所以使用金銀紙的慣習，從古至今，就這麼一代接一代地傳承不斷。從新石器時代的陪葬習俗、祖先崇拜開始，商朝的特重鬼神、無旬不祭，到周朝百禮具備，祭祀一直是中華民族的大事。而自從有替代眞金眞玉奉獻的金銀紙加入祭祀行列之後，更是無拜不燒，燒得欲罷不能。

金銀紙使用邏輯就是人的生活模式衍生而成，以使用金銀紙來溝通人、鬼、神三界。雖然用的是人的方式和鬼神交通，但是從儀式上可知，這往來之間雖然是各取所需，仍保有一定的敬畏。因為在很多時候，人類對超自然力量，無法以常態解釋，也無法與之抗衡，所以往往只能用敬畏的態度來臣服、來自保。從這種合理相處之道，以及從經驗累積而來的燒金人生，可以弭補高科技無法給的心安。

　　從心理角度理解金銀紙的存在與必要，我們可以說，使用金銀紙是一種倫理要求，是一種民俗療法，更是一種極富人情味的生活藝術。

　　宗族、家庭觀念與倫理規範，是絕大多數中國人心目中不可動搖的信念，而克盡孝道的要求更是百善之首。所以金銀紙用作對逝去祖先繼續盡孝的工具，或是補償「子欲養而親不待」之憾，甚而可以平息不孝子女心中的罪惡感。對祖先崇拜與祭祀，以及燒化金銀紙給祖靈，便是如此的倫理要求之下，最具體的表現。

　　所謂的民俗療法，指的是藉由祭祀的儀式與金銀紙的使用，來消除對無能為力的變數與無常而產生的焦慮。當面臨一些現代科學不可解的心理衝突與矛盾，人們需要慰藉時，這種傳統的、古老的、令人熟悉的方式，更是能讓人得到心靈的安慰與寄託。消極來說，金銀紙的使用減除了人們心中的不安畏懼，解脫對現實與未知世界的無力

藉由祭改的儀式達趨吉辟凶之目的

過年時將六畜錢裝進紅包袋給鵝公鵝母是情意表現

感；積極而言，它為人們行事時帶來信心與希望，因為人們希望除了自身的努力，也能有幸運的加分。

就人情味的表現來說，金銀紙除了將鬼神「擬人化」之外，還將天地萬物虛擬「生活化」的情節融入其中。像是農曆七月普渡，除了提供孤魂野鬼食物，還提供〈更衣〉使其能盥洗更換新衣，漂漂亮亮地前來享用普渡美食，在這裡便展現了體貼的人情味；或是在祭祖前後，燒化〈福金〉給接引土地公，酬謝祂帶領祖靈而來；過年時，將〈六畜錢〉裝進紅包袋給鵝公鵝母，這些都是一種感謝其辛勞的心意表現。

綜合以上，金銀紙可說是包含了老祖宗的宇宙觀、人生觀、生活經驗以及生活哲學。這流傳已久的中國特有文化，是民俗世界中與人們生活最密切的一部份。中華民族的生、老、病、死，都和金銀紙息息相關、相互呼應，若稱呼我們的一生為「燒金的人生」，實在是再貼切不過。

燒金的人生

　　充實生活是謂美。從期待受孕開始，就有著無數的希望與祈求，「花開結子在娘胎，一拜花園百花開」。婦女萬般崇敬地參拜註生娘娘或求花公花婆早賜麟兒，並且開始對好婆姐們獻殷勤，希望得到好婆姐的授與，能夠生個最健康的乖寶寶。一但懷孕了，更是需要小心，每天要注意胎神的方位，而且為避免冒犯，要拜祭眾神佛、祖先，以求生產順利、母子平安。

「生命樹」由花公花婆掌管，白色花表示生男，見紅花則得女。

　　新生兒誕生之後，從俗諺：「手抱孩兒才知父母恩」，就知道照顧嬰兒的辛苦。明明就是哭鬧不安而醫生卻說是「正常」（沒有身體疾病之下，哭鬧不安是正常情緒的表達），此時再鐵齒銅牙的父母也會試用收驚或燒金拜拜的方法，從此開始深信民俗妙法的好處。

　　小孩出生後舉行「做滿月」、「做四月日」、「做周歲」時，要準備油飯、雞酒、紅龜、紅桃、金紙來禮拜神佛及祖先表示謝恩。為了呵護「金孫」還要夜燒三柱香、晨叩九個頭，祈求小孩平安長大。小孩滿十六歲那一年的七夕，還需要舉行「成年禮」的儀式，「做十六歲」意義是小孩已長大成年，凡事要為自己負責。從「人之初」的拜拜祈求，燒金的人生就此展開，邁向往後每一個階段，而

堆積如山的「學子期待」，以影印的準考證寫明心中理想學校，貼在金紙上表示奉獻也給自己信心。

新人拜堂由母舅「點香點燭」

每一回祈求也都不離燒金銀紙，。

在人的生、老、病、死中，所謂「老」，其實是指人的成長。在年歲成長過程中，免不了有喜樂、有困厄。敦厚的中國人將喜樂視為天賜，因此感神恩、謝天地。處困厄時，則視為時運不濟或是冒犯神佛，於是謝罪、補運、消災求平安。

在日常諸般行事中，除了現實因素的考量與自身努力，也都希望藉由神助來增添信心而使一切順利。像是莘莘學子除了寒窗苦讀，在面臨重大考試時，都巴不得能有滿天神佛之助，一舉名登金榜。考季時最熱門的「臨時佛腳」莫過於五文昌帝君了，不只考前竭誠參拜，考後也要謝恩一番。

人生小登科，更是少不得拜拜燒金。在準備過程就開

始祈求喜事順利，訂婚與嫁娶時，皆要「拜堂」。另一種
形式的婚姻「冥婚」，因為是人和鬼，或者是鬼和鬼之間
的結合，所以更需要許多祭祀來作為溝通、
聯絡、祈福。一場冥婚下來，往往是花費驚
人。這些祭祀過程中，金銀紙當然也是要角
之一。

俗信過七星橋
可以消災解厄
得到神靈護佑

除了喜事，成長階段難免有一些風風
雨雨。舉例來說，犯小人、官司訴訟、事業
不順、家庭婚姻等問題。皆盼能逢凶化吉而
企求神靈化解、護持，當然金銀紙也就不吝
多燒。

舊時醫藥不普及的社會裡，身體有了病痛時，不管是
貧是富，對於身體健康，都是抱持著「要人醫也要神保
庇」。因此，金銀紙就成了增加信心與免疫力的希望，即
使醫學發達的今日亦是如此，各大醫院都還設立有中、西
式佛堂，望神保佑。

使用金銀紙除了心理作用之外，事實上金銀紙對人體
與外在能量的平衡是有益的。就陰陽五行的觀點來說，人
的健康端看體內陰陽五行之調和，能量若是平衡就神清氣
爽，一旦陰陽失調就會有疾病產生。五行能量的平衡調和
與否，取決於人體與這些能量的接觸與吸取。像是火能量
的攝取，除了家中的主婦與廚師之外，一般人的接觸似乎
很少，所以容易產生不平衡。當我們拜拜時焚燒金銀紙，

常常會覺得站在火旁，感受一些撲面的熱，是很舒服的事，俗信火能辟邪這就是「五行周流的功效」（如使用化學製造的金銀紙，焚燒時就不宜太接近）。

人生縱使是有陽光、有風雨，終究人還是得歸於黃土與天地合而為一。在常民生活中，金銀紙陪伴著我們走過人生，同樣地，燒金的人生也是由它作為終結。

俗信人是肉體與靈魂的結合，在人往生後，肉體雖死，但靈魂不滅地活在另一個世界。經各大宗教的教義演釋，死後的世界可能是鳥語花香的天堂、極樂西方，也可能是不見天日、痛苦受罪的地獄；或者是自在地歸於塵土、還諸自然，抑或是與生前無異，生活在如人間擾攘的酆都城中。總之，因為人們對往生後的世界抱著這麼多的臆測與想像，或是嚮往，或是畏懼，一旦到了非面對不可時，只好盡人事以求天眷顧，避受罪而盼登極樂仙境。在這樣的心情之下，想必人們對金銀紙更加依賴。一般說來，舉喪時在尼姑、和尚或道士的帶領之下，藉由各種往生齋儀，盼能助亡者順利地通過地府審判，經由懺悔、赦罪、減刑甚至免於受苦、早登極樂。這人生終站可說是禮數繁複，所需的祭儀特別多。

由法師所進行的各種祭儀，不外是為往生者解生前業障，積陰間功德，使其在冥府安生。例如「繳庫」，是替亡者償還投胎前向庫官所借貸之款。又如「過橋」就是由法師帶領亡魂過金橋、銀橋、奈何橋，入輪迴道。所用的

過橋錢就是〈銀紙〉，在橋頭橋尾都必須燒用。其他像是「走赦馬」、「解結」、「藥懺」、「打枉死城」、「辭神解願」、「普施」、「作旬」等法事，都是祈求赦免解脫亡魂生前罪愆與恩怨，解除地獄刑罰之苦，得以超生。這些儀式都少不了金銀紙的使用。

由生到死這一路走來的「燒金人生」，和金銀紙關係是如此密切。燒金的人生有許多感動，例如昔時生活清苦的年代，如遇親友往生而無能力有「香儀」表示哀悼時，也會致祭〈銀紙〉讓亡者一路好走，而喪家要以「答紙」回禮（民初時以紅龜回禮，現在都以毛巾替代，「答紙」答謝之意，寓為「與往生者倆無相欠」），事後還要以〈壽金〉、排炮及淨符給親友及鄰居「化吉祥」，這是多美的生活文化。如此以金銀紙作為禮尚往來的生活意境，其情意之美實在讓人為之動容。

道士帶領亡魂與家屬舉行過橋儀式

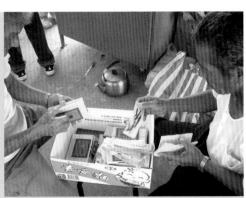

除服後要以〈壽金〉、排炮及淨符給親友及鄰居「化吉祥」。

美是心靈感覺，金銀紙的美是唯一。金銀紙之所以能流傳千百年，直至今日不斷地傳承，正是因為它不斷地充實人們生活，更是經過多少世代人反覆探索的智慧結果，俗信能帶給人類美夢成眞。生活本身就是文化，而藝術源自人性，金銀紙美的訊號，傳遞人類生活軌跡，反映當時生活一切。一張金銀紙、一個個講不完的生活故事，是延續不斷的金銀紙文化，讓筆者生活心中感受一種福報，花了三十年的心血投入收藏與研究，雖是辛苦執著，卻甘之如飴。

二、民間的藝術珍品

金銀紙是民俗版畫

　　金銀紙是民間美術，是最貼近生活的傳統版畫。民俗版畫最能反映出民間藝術的特質，將民間生活的題材，通俗化且眞實地呈現出來，它有千百年豐厚蘊結的生死文化與無窮盡的探索空間。

　　金銀紙傳遞的是人們日常生活需要為訴求元素，再將其用「純圖畫」、「純文字」或「圖與文」的方式雕刻於版上，以「版印」作為「憑信」之媒介物，藉由拓印技術轉印於紙張向天地表達所求，是融合繪畫的基礎線條與刀刻技巧構成有特殊肌理韻味的民俗版畫。早期雕版技巧皆採「易地雕法」，近代常見如〈天金〉有「朱文白文」的「陰陽刻」。

〈天金〉有「朱文白文」的「陰陽刻」

雕刻

　　金銀紙圖案有畫法簡潔流暢的「白描法」。如〈六畜興旺〉以簡單的各種線條表現人物、動物的形象，其動態和神韻自然易懂。

　　〈月兔搗藥〉版面設計上將看得到兔子在搗藥時有發光的月亮，以反黑實體之表現是最引人注意的構圖方式，明顯應用繪畫理論之「留白」是形象的組成部分，「反黑的實體月亮」不僅穩住了畫面，「留白」部份配置雲彩，也同時擴大了畫面的意境，即所謂形象的延續，頗能讓人的靈感思維任意奔馳，而獲得無窮的解釋空間；現代感十足地月兔造型，相當討喜又不失東方的神秘本質。

　　如〈聖母瑪利亞金紙〉豪放中有溫柔的線條，不知是雕版師刻意「隨意雕」的效果，還是一塊版兩位雕刻師，

〈六畜興旺〉

〈月兔搗藥〉

〈聖母瑪利亞金紙〉

〈福地龍虎山法被〉

〈七娘夫人〉

左看右瞧「主題」與「回字紋邊飾」都表現出截然不同的刀法與風格；見邊飾刀法純熟穩步但帶有濃厚匠氣，主題聖母瑪利亞看似急刀隨性無拘束，但有濃濃的藝術氣質，如此構思組合相當罕見。

覆蓋在往生者身上的〈福地龍虎山法被〉是另一種筆法，上端天師兩旁護法神態如行雲流水般活潑飛動，畫面無風卻有飄動之感，肇因線條流暢之故，畫像融入雲朵舒卷自如的圖樣神態，好像流水轉折不停的「行雲流水描」。

〈七娘夫人〉構圖中有中國畫常見的立軸構圖形式，前者是近的居下，遠的居上，近不擋遠，愈遠愈高，妙的是近處之下方添加雲朵，讓畫面上出現像貼近人間而實際確是遠在天界之仙境。雙龍宮殿與神佛衣紋的描繪可見「戰筆水紋描」的影子，其線條有流動之感，狀如「行雲流水描」，筆觸轉折與交融處則還是總結「白描法」的技巧，誠屬佳作。

〈七娘夫人〉是難得精品，歷經木板質地限制與刻版的刀法考驗，還可清楚保有線描的輕重、粗細、方圓、轉折、頓挫、虛

實、長短、剛柔等不同的筆法所呈現物象的體積、形態、質感、神韻。看到人物豐富而傳神的表情與身上的飄帶、當風的衣褶、華麗的宮殿與流動雲彩，其形象飽滿，情境生動，這是筆與刀完美地結合而刻劃出各種物象的生命。同時可見識到清末手工分版、分色套印的功夫，將水性的顏色，逐色刷在每一塊板上，「以色扶形」增強結構。如此精湛演出，是描繪神韻、刀刻肯定、印出肌理的大融合。

如〈本命十二星君〉主題形象鮮明，其線條較無粗細變化，筆法有如硬筆描寫出星君穩健、剛強、肯定之氣勢，敏銳地表現出物像的立體造型，其用筆一致，線條粗細均勻，顯得圓勁流暢，這像似「鐵線描」特有的質樸敦厚之美感。

〈本命十二星君〉

〈大百壽金〉則有明顯、強烈的「大印章」版畫效果，其融合各種畫法再昇華，不僅呈現「四平八穩」還「入木三分」的刻板印象，將台灣繁華以及人們期待刻劃出特有台灣風味的金紙，然而並沒有忘記歷史的烙印和神秘的意圖，畫面洋溢著幸福感與滿足的美感。

〈大百壽金〉

題材

　　金銀紙圖案有主要八大題材：⑴天地神佛，如〈觀音金〉。⑵行業祖師，如〈天蓬元帥金〉。⑶歲時祈福，如〈中元普渡金〉。⑷制煞消災，如〈改厄〉。⑸補運添庫，如〈三才庫錢〉。⑹婚喪喜慶，如〈龍鳳天金〉、〈冥幣〉。⑺信仰修行，如〈懺悔密咒〉。⑻自然崇拜，如日月星辰〈太陽〉、〈太陰〉、〈牛馬爺〉等萬物諸神仙。

　　伴隨著萬物皆有靈的想像，金銀紙作品涵蓋天上飛鳥、地上走獸、水底魚蝦、神佛鬼魂等之八大題材，而將之轉化為具有功能性的靈物。加上普民「有樣學樣、無樣自己想像」的慣性，金銀紙有援用古代既有的避邪寓意之圖騰，以象徵圖形的人格化、權威化之紋樣轉向為有靈力的交互作用。在歷史情境的演變下，金銀紙不僅形成溝通天地人間的媒介物，它還含納普民的生活題材，轉化成有思考的觀念藝術。

　　楊偵琴小姐的《紙馬（金銀紙）圖像之研究》記述說：

　　金銀紙的圖像分析，從主題自然意義到天馬行空串聯，圖像寓意分析至象徵意境目的，構成金銀紙的價值世界。金銀紙的金銀箔之交轉意義，在俗信中有物品穿梭陰陽時空的想像，尚且人們相信透過火的燒化，金銀錫箔能在異度空間獲得價

值的推想，這是藝術的表現，圖像與文字語言伴
隨其中傳遞，溝通陰陽兩界的天人合一思想，也
是金銀紙獨到之審美觀念，另帶有信仰儀式操作
之藝術思維，進而成就了金銀紙獨有通天串地的
特異功能與無限延伸之意涵。

可見，金銀紙的世界浩翰無邊，可以「以一幻百」、「以
少勝多」，隨時還可以峰迴路轉，即使歪想也正著，雖貌
離，最終也神合，此意境美臻極緻。

上色

上述題材作品以刻印物像圖案屬於「敬神如神在」或
「隱寓訴求元素」，主訴求則以文字直接表達所需。祈求、
奉獻的金銀紙顏色大都採用中國民間喜歡的大紅為主，因
紅色帶有吉祥辟邪的用意。化解、制煞的紙錢則用淡紅、
青或黑色，增添神祕意境，也有「以色寓形」，以顏色代
表方位、時空或區域神祇。而金銀紙上褙有金箔、銀箔很
明顯象徵金銀財寶，此點與寺廟彩繪使用了瀝粉貼金的技
法效果雷同，將印象凸顯出來，立體感極強，使其圖像更
具富麗堂皇有金光閃閃的藝術美感與富貴意涵。最後經由
燒化儀式的轉化交呈，將展現在金銀紙圖案的「主訴
求」、「隱寓訴求」傳送至神靈界「補食靈界所需」與
「普民所願」。

流傳

　　美是看不見的競爭力，「流行」如果是虛構的終必會幻滅，「傳統」只要真實的就能流傳久遠。如同法相莊嚴的菩薩，美的讓人們法喜充滿，在眾生心中永遠是無法替代的美。金銀紙的美亦同，它可追溯至新石器時代的仿貝殼、仿貨幣祭祀；金銀紙是替代真金真玉的祭祀奉獻，圖案也仿照玉器、青銅器的圖騰紋樣，這是因信仰與生活慣性的自然傳承。只不過金銀紙的美更具生活化，有簡單的線條，也有繁複的圖案，直接的表達，簡單卻很耐看。它有傳統版畫的血統關聯，然而它的圖像表達傾向社會性的寫實，藉由圖像反映時代，融合儒、道、釋的思想再映射，不崇尚華麗只求形似意境，饒富教化意味與生活哲理。金銀紙用質樸真誠而富有感染力的圖像語言，使人們得以神領意會或看圖說故事，進而潛移默化讓生活充實美滿。

金銀紙圖案傳承玉器、青銅器的圖騰紋樣

　　中國人愛玉，把玉和祭祀、禮制和德行聯上關係，更認為玉器，是在精氣、神靈、巫術等原始宗教氣氛籠罩下成長的，先民以玉奉神達到「事神致福」，視玉為山川之精靈，崇玉、祭玉的觀念將它奉為「神物」且多帶有神祕色彩。玉在藝術上除模仿生產工具造型之外，主觀理念的影響甚強，以圖騰象徵精氣、神靈、巫術的精神，以吉祥

的紋樣來寓求平安。如此根深柢固的文化在金銀紙上隱約可見。以下列舉說明：

〈龍德星君〉

屬於紙錢類。用粗細兩種線條構成C型龍的圖案，頭大而長，張大口卻無露齒，長鬚飄揚，大眼炯炯有神，身粗似蟒蛇，無鱗有翻騰之勢，接地雙爪穩重固身，尾朝天而下，作C形狀。它不僅是天下第一龍，也是首次發現與玉圖騰相似的金銀紙，藝術表現上呈現抽象的、誇張的示意性視覺效果，與庚子《中國玉器全集1》第26頁之圖類似。這是紙錢類中屬神靈崇拜的產物，給予人神祕凝重的藝術感覺，高度抽象的示意圖案，極似紅山文化玉器的主要手法，呈現清新、簡潔的線條美，又自然，也神秘。

龍德星君本是難以窮盡的故事情節，卻以高度抽像到簡單幾筆地將圖意帶到即止的暗示表達，類似無聲勝有聲的心領神會之物像構成技法，如繪畫的「簡筆描」。

〈朱雀〉

屬於紙錢類。圖中右上角之鳥形象與
《中國玉器全集1》第15頁之玉鷹形珮（紅山
文化）非常相似。雀鳥雖然呈現抽象，但
「望眼即穿」誇張的示意性視覺效果極富張
力。圖中人簡筆的官僚妝扮，渾圓線條顯示
出有權勢、吃的飽飽的模樣，可能食言而
肥，被鳥瞪眼且叼著官人長舌不放，有警告
世人為官要公正清廉之意。朱雀以命理角度
解釋為「四靈」，象徵四方位之南及四季之
夏，寓意為「口舌是非星」。此圖像作為神靈
的代表和現實社會世俗統治者的官僚現象，
又像是良渚文化將政治、巫術、軍事三權集
於一身的表現手法類似，這與紅山文化是不
同的，見圖會意饒富教化意味與生活哲理。

〈太陽星君〉

屬於紙錢類。圓圓的頭部為正面像，
「將虛化實」以微笑飛天的造型，散發春陽般
的燦爛。身體於胸部轉折，沒有顯露雙手、
雙足，僅以飄帶為肢體語言，裳下是卷頁狀
雲紋。最妙的是身下左右斜角相對襯的單朵
如意雲紋，有運轉的動感，可以不被厚實的
邊飾綁架而照常昇天入海。

〈太陰星君〉

微長的臉型，其造型與〈太陽星君〉一樣，明顯的是同一作者的「相對佈局」，但〈太陰星君〉就增添了嫵媚、阿娜多姿的神彩。兩者均刻劃出讓人易懂的流暢線條，涵義也都帶有神秘的、超自然的意味，將自然界的太陽、太陰以擬人化「飛天」的造型，醞釀出神靈星君的神話，「推前扯後」引申出各種吉祥的話題，例如：採百花香露、能歌善舞、向人間散花施香、福澤眾生。可闡釋華夏文化綿延的生命力與寬廣的包容性，是難得的珍品。

引述葉兆信、潘魯生《中國佛教圖案》：「飛天，佛教梵文稱為「乾達婆」，漢語又稱香音神、聲神、香神、屬天龍八部之一」。飛天是佛教藝術中令人喜聞樂見的形象，從北魏興起，流行於唐代廣泛應用於彩繪及玉的造型。此〈太陽星君〉、〈太陰星君〉與「飛天玉」簡單的線條極為相似，正視、側胸、天衣飄揚、著裳、下有朵雲托舉，似在空中飄翔，姿態輕盈，面目慈祥其神韻與飛天玉樣式上有傳承關係。

〈白虎〉

　　屬於紙錢類。虎是令人敬而畏之的守護神，人面獸身的造型，加一個「王」字增加信仰中的神話意象。虎頭經背身至尾巴成S形，讓虎身更顯體形龐大而立體化，更具有真實感；虎牙、鬍稍弱，減其兇猛習性，沒有「山大王」的雄風；四肢平穩有力，身紋捨棄虎斑紋而是採用「虎形玉器」常見紋樣，威而不猛的「人獸幻化」圖像寓意「代人受過」。

〈雲鶴甲馬〉

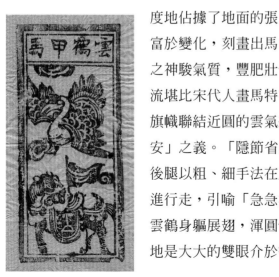

　　圖中立馬回首有走勢且入神，以最大限度地佔據了地面的張力，線條如行雲流水，富於變化，刻畫出馬的渾圓體態與文武兼具之神駿氣質，豐肥壯悍，富貴悠然，究其源流堪比宋代人畫馬特有的筆意。馬背上飄揚旗幟聯結近圓的雲氣紋，形成「祈求馬上平安」之義。「隱節省墨」少了一隻馬前腿而後腿以粗、細手法在虛與實之間彷彿馬是前進行走，引喻「急急如律令」之神秘號令。雲鶴身軀展翅，渾圓體態隨形施藝，最特殊地是大大的雙眼介於鶴頂兩旁，此舉將雲鶴

平面的臉成立面，使其更具立體感，有承延宋、金、元時期的「起突手法」，具「春水玉」的藝術風格。

　　雲鶴與甲馬之間有青銅器紋樣的雲氣紋也稱流雲紋，它以粗線條的「雲朵」舒卷自如的圖樣表現來增強幅寬與景深，只以極簡潔舒卷起伏的雲彩爲表現形式，既能分割畫面，又能使整個畫面相聯繫「統合爲一再延伸意義」。裝飾紋樣「雲氣紋」更重要的是加強了畫面的動感。再觀頂端的雲深不知處的意境，感覺到雲鶴暢遊於天界雲海之中，頗具元人雄健豪邁之氣魄。

　　〈雲鶴甲馬〉呈天、人、地三界之立面空間，明顯而具體地表現於自然天界雲海之中，使形與神得到完美的結合，「無中生有」的想像延伸，從有限通向無限，從虛無又導向現實。

〈太歲〉

　　與《中國玉器全集2》第177頁之玉獸面紋（西周）神似。是仿照有神權思想之青銅器紋樣的「人面獸紋」。六十甲子有六十位太歲星君輪值於人間，所以俗信每十二年與太歲正沖一次，每六年又與太歲偏沖一次，換句話說每個人六年就犯一次太歲或歲破，太歲乃天上煞

神之一，每年輪值於人間。此作品「畫裡有話」，寓意「太歲當頭坐，無喜恐有禍」，可見太歲爺之威力不可不防。金銀紙傳遞人類生活軌跡，以此太歲圖案，有明代人留髮滿頭的冠飾，可窺見那個朝代人民將太歲比喻為泰山獅王，線條嚴謹、紙質採用有明顯纖維的桑樹薄紙，表示人民守法而生活清苦，只有頭沒有身體「隱節蔽末」的造形，警示不可在太歲頭上動土。從上述推論與圖案中的冠帶不難看出年代。

〈太帥〉

台語的太歲譯音，直接可看出這是反映外來政權日治時期的作品。臉上大小目的三角眼神、嘴臉表情，及髮形與中國式的圓碗帽突顯出「貌離神合」的現象；雙肩有護甲，雙手帶拳套作拳擊兇猛惡狀；然下身又有「說東指西」的玄機，看似褲帶實則它意，右腳踩地凹陷五分，窮兇惡極。以如此怪異的造形出現，一來不滿當權者以「皇民化」統制台灣的不平等待遇，也吐露出一種惡的快感，以「講南道北」圖像構成一個神秘的鬼神，警告世人「太歲當頭坐，無災也有禍」。

〈正神朝天〉

　　作品以「聯珠紋」統一整個圖面，使全畫最後聯結達到氣韻生動的境界。聯珠紋在宋與明朝之間常見於「聯珠玉佩」，在青銅器上更是常見的紋樣。這種連續圖案的特點，是將圓形單位紋圍繞作品四周，作為一圈圓珠狀的邊飾，在聯珠紋之內將「上下閣樓」的三段故事情節之發展，聯結為有趣的「連環圖畫」，分割畫面但有完整的情境演出。

　　第一段人們為了「祈求平安」與希望「福祿壽」而準備神轎與鑾駕，給文職神佛朝天之坐乘。祈求平安是明講，而福祿壽是含蓄表達，以蝙蝠為福、銅錢隱寓祿、麒麟代表祥獸引申為壽，這是俗話說：「求平安就好，添福壽天安排」。

第二段「雲馬」可以騰雲駕霧的雲馬與隨從，專替武官神佛朝天之坐騎設想。最後文武神佛匯集於天庭向玉皇大帝稟報民間一年中的大小事，再決定給民眾賜福或懲罰。此作品第一段內聚含蓄、欲言又止。兩隻雲馬對襯而外放的張力突破平面構圖的框架，配以二位隨從雲來霧去、可來可往的空間意象。

第三段百官朝拜呈V字排列，氣勢又拉回穩住焦點。其線條順暢、轉折渾然天成，作品有戲劇性效果，它可以由觀賞者情感衍生出很多意味，可以「走馬看花」單純認為送神回天庭面聖，亦可「節外生枝」擴大無限想像而「虛實幻化」為無止盡的神話故事。

〈十二生肖替身〉

將十二種動物形象以圖案表現方法，配以花邊融和在一個印面上，稱之為「肖形圖案印」。應用於紙錢上，以十二生肖靈體替人代刑受過，明顯希望能趨吉避凶。

圖中十二生肖以象形化印章的圖案貼在金紙上，再手繪四肢與形體成替身，神骸兼

具。十二生肖是以象形化印章的圖案呈現，這是殷商時代
甲骨文之象形藝術，是雕刻者的最愛，也是傳統民俗版畫
題材之元素。潘魯生《中國漢字圖案》引述文字學家唐蘭
獨到的見解：「象形文字可歸納爲象身、象物與象工三種
類型」。這與姓名學說法相似，每一個字至少具有行、
聲、義三方面的蘊涵，還可以昇華再神領意會「近取諸
身，遠取諸物」至轉注、假借等發展演變。

〈財子壽〉

　　這是九寸大百壽金的圖樣，此圖結構完整且比一般精
緻，不僅有標示廠名表示品質保證外，其財子壽神韻栩栩
如生。象徵財的具富貴相、有子萬事足的滿意表情、拿著
壽桃老到彎腰駝背雖立姿卻有走勢表示健康，此三項爲
「隱喻訴求想要財子壽的含蓄表達」。

〈財子壽〉與〈福祿壽〉是因地不同的稱呼，業者說這是福祿壽三位神仙，我認為是祈求者向天地神佛表達的訴求含意，厚實的外框代表：「祈求者表明會在方寸之間守規矩、守本分」，然後請神佛保

佑「合家平安」，最好就是能如圖案的意思「多財、有子、健康長壽」。邊飾回字紋是由壽字的篆書演變而成，亦稱「屈指」或「拐子龍」。以「回字紋」引申「承諾持續性守本份」，盼得以長久合家平安與綿延不斷的福份。

〈財子壽〉

一樣是九寸大百壽金，由圖清楚可見外框左下署名「鹿仔港施金玉」，一對花瓶象徵「平安富貴」，張燈結彩、燈火通明，喜事連年、添丁又發財，整體構圖營造出

當時鹿港的繁華景況。財子壽造型有明顯唐山人像筆法，紙質是手抄「浙包紙」加上錫箔氧化嚴重，想必年歲已老。

〈豬哥錢〉

擬人化的豬哥抱著裸露兩點的限制級演出，僅流通於特種行業，難怪坊間難見。特殊的是以腳變黑表示會有業力病，要小心使用，業障後果使用者自己承擔，這是隱藏的警語「使用過度會有業障」。簡筆構圖中，「刻意添加」人人皆知的豬哥牙與豬哥痣加強好色形象，長髮瞇眼的撩人女郎，以特大尺寸的雙峰顯示不是男人可以一手掌握之姿，使用時還是要深思。

〈玉皇寶誥〉

以篆書構造純文字的紙錢。 潘魯生《中國漢字圖案》：「文字起於象形，中國文字依形附聲而產生意義，《說文》：『文』又稱『紋』意指交錯之畫」。「字中有畫、畫中有意」文字書寫由靜的點畫產生了動的筆勢，字的體態就有了感情與意涵。書由點線構成文字行骸，畫是仰賴點、線呈現出物象，兩者同宗，其形式和內涵在商代早期銅器上的銘文圖象意味更是濃厚。此玉皇寶誥作品應用篆體營造時光空間印象，可直譯也可意會。

198

〈智慧金〉

在台灣中部流行燒智慧金可以開
竅增智慧。因沒有金箔，被認為不是
「金」。業者表示：「大家都這麼講，
也不知道為何叫智慧金？反正有燒有
保佑」。其實看仔細真的有「金智慧」
的圖示，圖案清楚告知「為人處事方
法與態度」及「可以開竅增加智慧達
到成功的妙訣」。作品分五格各有涵

意，以最上層來說：旁邊兩人站立而神情一位呆滯、一位
傲慢，皆為常人。中間能做官的人，除了好好用功讀書之
外要，生活要用頭腦，為人處事身段要柔軟，態度要誠懇
就可以增智慧。我認為智慧金看圖意會比用燒的有效。

〈大百壽金〉

圖中一支令旗、一隻蝙蝠象徵「祈求賜福」。一人持
金元寶半跪一旁作奉獻狀、天官端坐其中、身旁還有一隻

麒麟祥壽，這是〈壽金〉
的圖案，天官為「福」，
持金元寶之人為「祿」，
而麒麟則代表「壽」。

〈神將〉

充滿異國風味的神將造型，臉龐是典型的華族而其裝備與左手拿的刀械有說不出的斷代文化，威而不猛、動感十足。（楊永智拓贈）

〈更衣〉

或名〈巾衣〉，最能顯示歷朝人民日常生活的情形，其圖像內容有時代性的演變。民初之前的〈更衣〉，在圖樣上爲傳統中國服之造形、男的長靴、女的繡花鞋，男的碗帽、女的髮巾，男的有水煙斗、女的梳妝等民生器物。現今出產的〈更衣〉式樣，有洋裝、高跟鞋、汽車、電視、冰箱等現代科技產品的加入，這是反應生活文化差異最直接的佐證。

〈福祿延壽〉

　　主題爲象徵心靈純淨快樂的蓮花，因其符合教義的純潔高雅與火式太陽的意象，所以被稱爲「佛門聖花」。釀酒技師曾火旺說：「蓮花俗知出污泥而不染，如今已經證實含奈米元素」。以蓮花爲隱寓，鼓勵「潔身自愛」其人生是「花團錦簇」可以福祿延壽，是其圖像意義。

〈冥幣〉

　　精緻的「複合式捲草」邊飾，印有冥國銀行與董事長、總經理印信，標示幣值壹仟元，還有鳥語花香的庭園與護法將軍增強美化及防僞功能，這是現代電腦繪圖製版的代表性作品。

〈大悲咒〉

　　紙錢。在形式上即爲佛在說法，有「淨」與「教」的意味，邊飾以「卍字紋」統一整個圖面，更顯神聖莊嚴。卍字是佛陀的「三十二相」之一，稱爲「吉祥海雲相」，佛教建築及器物上常用的裝飾圖案，通常也被認爲是太陽的象徵。就因如此，紙錢也延用。

　　卍字是中華民族自己創造的符號，並非

伴隨佛教而來。易學中卍字代表是陽盡陰生、陰盡陽生，陰陽互爲其根。分解成四九爲支金、一六共宗水、三八爲朋木、二七同道火，是陽以進爲尊，陰以退爲極，因此而生生不息。卍字民間讀爲「萬」，吉祥萬德之意。從廣義來看，卍是古代的一種符咒，在小孩子的衣領或帽子常見卍字是作爲護身符。

〈般若波羅蜜多心經〉

紙錢。圖面即爲佛在說法「受想行識亦復如是……」。圖案中出現「卐」字與上述「卍」字是反方向，卐是德國納粹黨的黨徽，由於「國家」和「社會黨」的德文字頭均爲「S」，兩S交錯而成卐形。希特勒認爲卐字象徵爭取勝利的使命，含有侵略之義；因此，卍與卐是不相同的。

「般若波羅蜜多心經」此句譯爲：「以如來大悲的妙智慧，來明辨是非，並巧妙地運用，降服 一切苦惱及生活中的挫折與難題，奉持如來大悲，常懷妙明本心，活化生命」。

上述圖文，可說明因新舊風俗東西傾軋，日常生活中充滿著隨性的自由，都反映在金銀紙上，造就時下多風格的民間美術。

側面的圖案

標示品牌、名稱或廠商的側面圖案，最大作用是廣告、防偽。其線條時而簡潔時而繁複，時而俐落時而精巧，其本身是自由樸拙的民間通俗藝術。

〈大花金〉

恒利本店出品，象徵尊貴崇敬的龍鳳與葫蘆、囍字，葫蘆取其音義「福祿」，意味在尊貴崇敬之中得到福祿壽囍。

〈福祿壽〉

帶著鹿角帽的「武財神」騎在擬人化的麒麟獸，鹿角帽象徵「福」，武財神寓意「祿」，而麒麟為獸，取音為「壽」，這就是蓋壽金邊印的圖案。

〈隆慶督庄〉

詔書型的圖案有著慎重表達的意象，雖然有錯別字，但不影響貨真價實的商譽，還有英文店名縮寫L・K・是外銷至國外的產品。

〈正庄大箔〉

台灣南部業者於日據時期延用至今，業者僅知是〈吧坪〉卻不知道其意。1982年於學甲鎮作「金銀紙業訪查」時，巧遇莊姓雕刻師言道：「這事阿公有說過，當時識字者不多，業者要將品名〈吧坪〉、三六開數的細緻紙張與正庄的大錫箔表達於印模上，還要有日本人圖像買賣時較為方便，於是能減則刪，依其台語發音就刻成這樣的印模。」「ⅢⅠ」是三六開數，「幼」就是台語中「細」的發音，「大吧」大張錫箔的〈吧坪〉。像這樣「以音求義」、「沒字借字」有趣的例子還很多，但仔細玩味，就是因為這一種「美麗的錯誤」，才豐富民俗世界的生命，才足以表現這是一種生活。

〈正足千〉

是真正足千張之意。正足千另有一解：「燒金沒足百，死後會捉去打。燒金沒足千，死後會捉去搥，欺神騙鬼沒道德」。「正足千」代表金銀紙的錫箔真正純，就如同黃金成色999千足之意。

圖案結構與藝術價值

金銀紙作品給常人印象樸拙，甚至於有畫的像不像的問題在討論。近代書畫、篆刻大師齊白石曾說：「作畫妙在似與不似之間，太似爲媚俗、不似爲欺世。」只要它能傳遞心中的感覺，任何形式地圖文表達皆是美。

金銀紙圖案結構與現實社會一樣有階級之分，重視主角的形像呈現，圖版有人物尊卑等級概念。主要人物通常擺在最中間，而且刻意放大延伸構圖，左右配角，前後想像，上通天庭，向下延續百萬兵。數字的象徵三爲多，九是無限，所以可以「一木成林」。每幅作品可獨立成章，也可以組合串連產生綜合性的新意。同一圖案可以軟硬兼施來解讀，「正法眼藏」時是隱寓含蓄內斂的藝術語言，以「物與類聚」方法，即見吉祥喜悅。也可「驚天動地」強烈張顯的直言解釋，以「引蛇出洞」法，可見刀光劍影，再細觀其背景有異度空間的幻化，乍看似雷雨狂風，實則雲淡風輕、豔陽滿天。這是金銀紙的特異功能，也正因如此，它才能趨吉辟凶、消災解厄。盡管有的已演變成新的解釋和內涵，這都與時代傳承有關，是永遠說不完的美麗傳奇。總之，把良心放在正當心，怎麼看金銀紙都成。

它的藝術創作形式，應當是當地素人匠師，根據敏銳的商人依當時民間的信仰風俗，還有生活環境、內心需求爲考量想像出來的結晶，才能如此真切的反映地方視覺語

言及貼合實際生活的體驗與需要。金銀紙藝術特色，綜合前面的分析，它對於人類性靈的感染力方面確實比其他藝術門類多了「生活面向的美」，可以純欣賞，也可通過想像上天入地、見圖會意。

《金銀紙藝術》作者張懿仁表示說：

金銀紙的價值不只在於其實用部份，它在藝術方面的價值也甚是可觀。金銀紙的蓋印部份，每一個圖案都可以說是一張版畫；不管是正面或側面，所有的圖案都有其涵意。金銀紙內涵神聖也通俗，它不僅表徵了中國人對於天地宇宙的秩序建構，也蘊藏了我們千百年來的生死文化與生活智慧。面對不可知的世界與力量，人們總是努力思索著要如何與之溝通。以金銀紙為媒介向另個世界表達善意、關懷、感恩與期待，正是這一套行之久遠的燒金文化讓慎終追遠、敬天奉地的精神代代不息地在我們生活裡傳承延續。紙薄情長，在方寸之間，含納著天地陰陽與生死，斂藏著藝術感性與活力，表述著世代遞嬗間人生觀的思考。濃厚的版畫風韻傳遞心中的感覺，概因人間文化盡在其中，是其藝術價值之所在。

筆者認為，因為生活的需要孕育了金銀紙，而民間美術的金銀紙也豐富了生活。金銀紙為民間版畫，是基於實用性目的而顯得淳樸自然，且映射出更濃厚的版畫神韻，

這是版畫的眞美，因而永久興盛不衰。

金銀紙藝術應用

　　就因人間文化盡在其中，金銀紙廣泛被藝術家作爲創作題材。素有台灣版畫之父之稱的廖修平將〈更衣〉圖案中的日常生活器物，以符號式轉化成版畫。1997年北美館「方圓之間——劉生容紀念展」，觀賞到以燒金的觀念出發，在粗紙之上置版畫的古文明與現代感覺之調和作品。

　　《紙馬（金銀紙）圖像之研究》作者楊偵琴論述說：

> 紙馬版畫是民俗版畫藝術，這是不能被掠美的地方文化特色，以藝術在道德教育的推展有可塑性，苗栗縣竹南國中的〈傳承・再造——竹南國中作品成果展〉就將紙馬版畫於美術教育教學推廣，基於結合地方文化，發展學校特色的思維，當地教師嘗試將此一民俗藝術普遍與深化，而以蒐藏紙馬在台聞名的張益銘先生，結合鄉土教學推廣紙馬燈籠製作，複合多媒材紙馬作品《求》，開創地方產業的另一新機，傳承傳統紙馬的圖騰，在延續紙馬的生命，改變紙馬宗教的色彩，提昇紙馬的性質，乃至永續發展，時代性與藝術性的注入。

2005年，筆者的油畫作品《不像畫》，將當今台灣政黨現象爲題，以金銀紙常見的福祿壽三仙爲主角述說寶島現

複合多媒材金銀紙作品《求》，張益銘，
1999年。

福祿壽合演寶島現況的油畫作品《不像
畫》，張益銘，2005年。

有陰有陽有藝思的版畫作品《福祿壽》，
徐明豐，2005年。

況。

　　對民俗藝術情有獨鍾的藝術家黃木郎，於2002年受邀於紐約林肯藝術中心展覽，將台灣民俗文化展現在世界文化之都，其作品有信仰、燒金等皆充滿無比豐富的心理情緒和審美思想，深獲好評。曾獲行政院文建會版印年畫甄選一至六屆首獎的徐明豐，巧妙應用色塊將《福祿壽》營造出有陰有陽有藝思之境，且自然流露濃厚的人文特質，使作品不僅有富貴吉祥之意涵，更賦予版畫新的生命力。還有張楊、王仁傑等多位國內外知名藝術家均曾以金銀紙為創作元素。

　　藝術是一種表達語言工具，一種描述世界的方式，和其他知識類型相似，有自己的變遷史。而金銀紙每一次風格的轉型，都是一次生活方式的變異。金銀紙創作，除了有土地的認同及反映現況的題材外，還可以無窮盡掘取它所蘊含歷史上人類生活的印象，為創作靈感的元素。

　　金銀紙是綜合書、繪、刻、印、思想，融匯成一體的有思考觀念之民間美術。以生活題材的藝術創作，反應民生需求，也反饋生活各種須要。從人之初至死後世界的想像，因地域不同，禮俗亦有分別而呈現出多元化藝術，可說生活所見事物皆是。金銀紙圖案有生動的傳說與歷史演變軌跡，無拘束地生活題材成就了源源不絕的民間美術珍品，它豐富了人生，使生活更有藝思。

　　生活的需要孕育了金銀紙，而金銀紙也豐富了生活；

它不僅是人在徬徨無依困惑憂慮時內心最誠摯的祈求，更是人在幸福順遂時渴望喜樂恆久遠的期盼。

參 考 資 料 & 後 記

書籍

高賢治，《**臺灣三百年史**》，衆文圖書公司，1978年。

劉英富發行，《**中國歷代大事年表**》，益群書店（股），1999年。

庚子，《**中國玉器全集1**》，錦繡出版（股），1994年。

庚子、王豐，《**中國玉器全集2**》，錦繡出版（股），1994年。

張懿仁，《**金銀紙藝術**》，苗栗縣政府出版，1996年。

鍾華操，《**台灣地區神明的由來**》，台灣省文獻委員會，1979年。

黃永松發行，《**黃河十四走**》中冊，台北漢聲雜誌社，1993年。

洪進鋒，《**台灣民俗之旅**》，武陵出版社，1990年。

張有池，《**中國民俗辭典**》，智揚出版社，1990年。

呂子振、羽仲氏合輯，《**家禮大成**》，武陵出版社，1999年。

陶思炎，《**中國紙馬**》，東大圖書出版，1996年。

陳炳元，《**易鑰**》，天龍出版社，1983年。

邱吉常，《**被遺忘的五路財神**》，尊勝養生鋪，2004年。

竹南鎮志編輯委員會，《**竹南鎮志**》，竹南鎮公所，1994年。

禹侯重編《**本草備要／神農本草經合編**》志遠書局，1986年。

黃才郎，《**台灣傳統版畫源流特展**》，行政院文化建設委員會，1985年。

楊永智，《**版畫台灣**》，晨星出版有限公司，2004年。

葉兆信、潘魯生，《**中國佛教圖案**》，南天書局，1989年。

潘魯生，《**中國漢字圖案**》，南天書局，1990年。

張益銘，《**般若波羅蜜多心經白話譯本**》，福祿壽工房，2002年。

李登財、劉還月合著，《**神佛正傳與祭拜須知**》〔春之卷〕、〔夏之
　　　卷〕，常民文化（股），2000年。

期刊 · 論文 · 講座

2004.10.15**中國時報**，翁順利、趙家麟／台南報導。

侯錦郎著，許麗玲摘譯，〈從考古、歷史及文學看祭祀用紙錢的源流與
遞變〉，《民俗曲藝》之民間信仰，72期，1991
年。

陳啓新，《**冥紙源流考**》，1995年。（泉州華僑大學學生慶隆提供）

吳奐儀，《**金銀紙業對苗栗中港地方空間的發展與影響**》，國立台灣大學
建築與城鄉研究所碩士論文，2000年。

證嚴法師之語摘，吳鈴嬌整理，〈慈濟心蓮〉中國時報，81年8月25日。

蕭登福，〈從《大正藏》所收佛經中看道教星斗崇拜對佛教之影響〉，台
中商專學報第23期，1991年。

吳彰裕，〈台灣民間及宗教幾個信仰問題與探討〉，台北行天宮活動中心
演藝廳講座，2003年2月26日。

楊偵琴，《**紙馬（金銀紙）圖像之研究**》，國立彰化師範大學藝術教育研
究所碩士論文，2005年。

訪述 · 資料提供

在蒐集資料的過程中，感謝以下各位悉心指導與所提供的豐富
資料。

基隆市：林國華、陳林蘭鶯、鄭福成

台北市：陳光宏、陳哲仁、楊雲琮

台北縣：江坤輝、徐明豐、鄭世仁、鄭大慶

桃園縣：林世章

新竹市：方榮淮、陳貴彬

苗栗縣：王清池、王文村、王文清、吳國興、吳添發、吳淑裡

吳盛湧、李秋福、李茂展、林天樹、林榮周、林啓崇

林榮茂、林榮松、林義龍、施晉榮、柯清標、柯丁城

姚正觀、姚金培、翁坤山、翁金珠、郭木村、陳中山

陳坤輝、陳添發、陳榮昌、陳欽章、陳葉月梅、張秀英

張堅城、莊正男、黃玉山、黃光武、黃金龍、葉武南

葉淳、熊本財、謝鴻圍、謝志忠、蕭朱柳騰、蕭坤良

鄭新傳、鄭阿堂、鄭福坤、鍾慶陽、羅阿瓠

台中縣：施培欣、施英和、姚吉曉、黃清義、曾火旺、劉德和

台中市：邱吉常、陳宗榮、陳中興

南投縣：魏國鎮

彰化縣：林聰仁、洪芳郎、陳國信、張水福、張木枝、梁政治

黃義雄、曾乾德、蕭玉桂

雲林縣：邱漢村、陳收謀、廖永森

嘉義縣：江裕益、李春生、曾慶長、劉勝雄

台南縣：王俊貴、陳益裕、陳清次

台南市：王長春、郭忠厚、

高雄縣：林水發、郭阿桃

高雄市：江新枝、林順發

屏東縣：林順喜、楊豐榮

宜蘭縣：朱正德、周培金、賴再慶

花蓮縣：沈榮堂、林惠貞

台東縣：吳忠擇

澎湖縣：葉銀河

金門縣：翁炳南、唐麗德、許永賜、葉欽土、薛素明、魏欽源

後 記

　　金銀紙經得起歷史考驗而流傳千年不墜，有其時代的深層原因。在田野訪查中有莊嚴的典故，有怪異的傳奇，它豐富了我的視野，讓我看到人類生活的點滴與深處，引導我正視生命的價值與意義，因此我鍾情於金銀紙方寸天地而多年不悔。

　　家族不曾以金銀紙為業，我因個人偏好投入，一投入便是近三十年的歲月與心血。過程艱辛但我甘之如飴，只是太多虛名與負債辛苦了我親愛的家人。在此我要感謝家人的愛與支持，感謝李豐楙、吳彰裕、林保堯、林耀堂、夏瑞紅、楊永智、劉還月、蔡有仁等師友們，鼓勵我不僅收藏更要積極紀錄研究。此外，幸有學者侯錦郎、陳啟新兩位前輩將歷史源流詳盡整理，提供後學寶貴資料。一路走來有多位好友與業者的指導，謝謝您們！

　　二〇〇五年二月於台中倉庫整理收藏品，在71個防潮箱中因腐蝕丟棄者竟多達一半，最後整理出2,162種古今各式金銀紙，堪為大幸。限於本書篇幅，選擇部分作討論分析。如有謬誤之處，尚希指正。

張益銘　2005年12月於福祿壽工房

國家圖書館出版品預行編目資料

金銀紙的祕密／張益銘著.；張益銘，林鈺茹攝影.－－
初版.－－臺中市：晨星，2006〔民95〕
面；　公分.－－（台灣民俗館；01）

ISBN　978-986-177-014-7（平裝）

1.民間信仰－臺灣　2.紙工藝術

271.9　　　　　　　　　　　　　　　　　95004726

台灣民俗館 001

金銀紙的祕密

著者	張益銘
攝影	張益銘　／　林鈺茹
主編	徐惠雅
文字編輯	林美蘭
美術設計	彭淳芝

創辦人	陳銘民
發行所	晨星出版有限公司
	台中市 407 工業區 30 路 1 號 1 樓
	TEL：04-23595820　FAX：04-23550581
	行政院新聞局局版台業字第 2500 號
法律顧問	陳思成律師
初版	西元 2006 年 05 月 10 日
	西元 2022 年 06 月 30 日（三刷）

讀者專線	TEL：02-23672044 / 04-23595819#212
	FAX：02-23635741 / 04-23595493
	E-mail：service@morningstar.com.tw
網路書店	http://www.morningstar.com.tw
郵政劃撥	15060393（知己圖書股份有限公司）
印刷	上好印刷股份有限公司

定價 390 元
ISBN 978-986-177-014-7

Published by Morning Star Publishing Inc.
Printed in Taiwan

◆ 讀 者 回 函 卡 ◆

以下資料或許太過繁瑣，但卻是我們了解您的唯一途徑
誠摯期待能與您在下一本書中相逢，讓我們一起從閱讀中尋找樂趣吧！

姓名：_____ 性別：□ 男　□ 女　生日：　　/　　/

教育程度：_____

職業：□ 學生　　　　□ 教師　　　　□ 內勤職員　　□ 家庭主婦
　　　□ SOHO族　　　□ 企業主管　　□ 服務業　　　□ 製造業
　　　□ 醫藥護理　　　□ 軍警　　　　□ 資訊業　　　□ 銷售業務
　　　□ 其他 _____

E-mail：_____ 聯絡電話：_____

聯絡地址：□□□ _____

購買書名：金銀紙的祕密

· 本書中最吸引您的是哪一篇文章或哪一段話呢？_____

· 誘使您購買此書的原因？

□ 於 _____ 書店尋找新知時　□ 看 _____ 報時瞄到　□ 受海報或文案吸引

□ 翻閱 _____ 雜誌時　□ 親朋好友拍胸脯保證　□ _____ 電台DJ熱情推薦

□ 其他編輯萬萬想不到的過程：_____

· 對於本書的評分？（請填代號：1. 很滿意 2. OK啦！ 3. 尚可 4. 需改進）

封面設計 _____ 版面編排 _____ 內容 _____ 文／譯筆 _____

· 美好的事物、聲音或影像都很吸引人，但究竟是怎樣的書最能吸引您呢？

□ 價格殺紅眼的書　□ 內容符合需求　□ 贈品大碗又滿意　□ 我誓死效忠此作者

□ 晨星出版，必屬佳作！　□ 千里相逢，即是有緣　□ 其他原因，請務必告訴我們！

_____

· 您與眾不同的閱讀品味，也請務必與我們分享：

□ 哲學　　　□ 心理學　　□ 宗教　　　□ 自然生態　□ 流行趨勢　□ 醫療保健
□ 財經企管　□ 史地　　　□ 傳記　　　□ 文學　　　□ 散文　　　□ 原住民
□ 小說　　　□ 親子叢書　□ 休閒旅遊　□ 其他 _____

以上問題想必耗去您不少心力，為免這份心血白費

請將此回函郵寄回本社，或掃描填回線上回函，感謝！
若行有餘力，也請不吝賜教，好讓我們可以出版更多更好的書！

· 其他意見：

407
台中市工業區30路1號
晨星出版有限公司

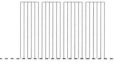

更方便的購書方式：

1 網站：http://www.morningstar.com.tw
2 郵政劃撥 帳號：15060393
　　　戶名：知己圖書股份有限公司
　請於通信欄中註明欲購買之書名及數量
3 電話訂購：如為大量團購可直接撥客服專線洽詢

◎ 如需詳細書目可上網查詢或來電索取。
◎ 客服專線：04-23595819#212
　　傳真：04-23595493 / 04-23597123
◎ 客戶信箱：service@morningstar.com.tw

金銀紙的祕密